Das Licht leu

Drama

graf Leo Tolstoy

(Translator: Adolf Hess)

Alpha Editions

This edition published in 2022

ISBN : 9789356902749

Design and Setting By
Alpha Editions
www.alphaedis.com
Email - info@alphaedis.com

Contents

Einleitung.

In Tolstois Nachlaß fanden sich neben den erzählenden Schriften zwei größere dramatische Werke vor; das vollendete: »Der lebende Leichnam« und das unvollendete: »Das Licht leuchtet in der Finsternis ...« Der Titel dieses letzteren Dramas ist dem Evangelium Johannis Kap. I, Vers 5 entnommen und erhält seinen vollen Sinn durch die zweite Hälfte des Verses: »und die Finsternis hat es sich nicht zu eigen gemacht.«

Deutsch von Fred M. Balte, Uni.-Bibl. Nr. 5364; von Adolf Heß im Verlage von Schulze & Co., Leipzig.

Das Drama umfaßt fünf Aufzüge, deren letzter nur skizziert, nicht ausgeführt ist. Die gründlichste Bearbeitung hat der erste Aufzug erfahren. Begonnen wurde das Werk in den achtziger Jahren; weitergeführt wurde es in den neunziger. Das ist vorläufig alles, was wir über die Entstehung wissen. Wenn einmal der *gesamte* Nachlaß Tolstois, besonders die Tagebücher, veröffentlicht sein werden, die uns infolge bekannter unglücklicher Verhältnisse noch immer nicht zugänglich sind, werden wir Näheres auch über diese Arbeit erfahren, von deren Existenz bei Lebzeiten des Dichters selbst seine nähere Umgebung nichts wußte.

Tolstoi behandelt in diesem Werk – und das erklärt vieles – in bisweilen autobiographischer Form die Kämpfe, die er in seiner Familie durchzufechten hatte; die Zweifel, die ihn überkamen, als er die Wirkung seiner Gedanken auf seine Umgebung beobachtete; den Widerstand, dem er beim Umsetzen der Gedanken in die Tat begegnete, und die Konflikte, die zwischen idealen Bestrebungen und dem realen Leben überall zutage treten.

Der wohlhabende russische Gutsbesitzer Sarynzew, der nach dem Evangelium leben, seine Habe an die Armen verteilen, seine Nächsten wie sich selbst lieben will; der das Christentum nicht als schöne Gedankenrichtung, sondern als praktische Lebensweisheit auffaßt; der die Kirche als schadenbringende Institution verwirft und der Obrigkeit den Gehorsam kündigt – dieser Sarynzew ist Tolstoi selbst. Wir wissen, wie Tolstoi sich bemüht hat, als echter Christ zu leben, wie er gleich Sarynzew seine Habe den Armen geben wollte und, als ihm das nicht gelang, die Besitzung auf den Namen seiner Frau überschreiben ließ; wie er auf dem Felde und in der Werkstatt arbeitete; wie junge, den Militärdienst verweigernde und dafür grausam bestrafte Bauern mit ihm in Briefwechsel standen; wie er Bauern aus dem Gefängnis befreite, und anderes mehr. Über diese Beziehungen zwischen den Vorgängen im Drama und in Tolstois Leben ließe sich noch manches sagen. Wir haben es hier in erster Linie mit dem Drama zu tun. Da fällt zunächst auf, daß Tolstoi in diesem Werk ein

Problem behandelt, das gerade unserer Zeit so recht den Stempel aufdrückt. Es ist der Kampf und Ausgleich zwischen arm und reich, in dem sich alle idealen Bestrebungen der Gegenwart vereinen. Tolstoi sucht den Frieden dadurch herbeizuführen, daß er den Reichen auf Grund eigener Erkenntnis freiwillig auf sein Gut verzichten läßt. Aber dieser Verzicht gelingt Sarynzew nur zum Teil, nur für seine Person, nicht für Weib und Kinder. Daraus entstehen neue, unlösbare Konflikte. Hinzu kommen die heftigen Vorwürfe einer Mutter, deren Sohn angeblich durch Sarynzews Lehren ins Verderben gestürzt ist. Bekehrungsversuche eines Bischofs, den die besorgte Schwägerin verschrieben hat. Abfall eines jungen Geistlichen von der Landeskirche mit baldigem reumütigem Zurückkehren in ihren Schoß usw. Die Katastrophe tritt, nach dem Szenarium, dadurch ein, daß die Mutter des verführten jungen Mannes, als eine Audienz beim Zaren ergebnislos verlaufen ist, Sarynzew ersticht. Diese Katastrophe wirkt, als Faktum, ohne Worte, nach dem sehr auf Innerlichkeit und tiefreichenden Gedankenaustausch gestellten übrigen Teil des Dramas stark theatralisch.

Alles in allem bedeutet Tolstois unvollendet gebliebenes Drama, das dem unbezwinglichen Drange des Dichters, die wichtigsten inneren Erlebnisse und schwersten Seelenkämpfe poetisch darzustellen, entsprungen ist, ein ebenso wichtiges Zeugnis für Tolstois Leben, wie ein starkes Glaubensbekenntnis und erschütterndes Drama eines Propheten und Apostels, der starr wie ein Fels in unsere Zeit hineinragt. Daneben aber mahnt und erinnert es, ohne eine Lösung des sozialen Problems bieten zu wollen, mit größter Kraft und Eindringlichkeit an die Pflichten, die jeder gegen seine Nächsten hat – Pflichten, die kein Gesetz befiehlt und keine Verordnung, sondern nur das eigene Gewissen.

Berlin, 1912.

Dr. Adolf Heß.

Erster Aufzug.

Bedeckte Veranda eines vornehmen Landhauses.

Vor der Veranda der Garten, Lawn-Tennis- und Krocketplatz. Die Kinder spielen mit der Gouvernante Krocket. Auf der Veranda sitzen Maria Iwanowna Sarynzew, mit vierzig Jahren hübsch, elegant; ihre Schwester Alexandra Iwanowna Kochowzew, fünfundvierzig Jahre alt, korpulent, energisch, dumm; und deren Gatte, Peter Semjonowitsch Kochowzew, ein dicker, aufgedunsener Herr im Sommeranzug und Pincenez. Auf dem gedeckten Tisch ein Samowar und Kaffeegeschirr. Man trinkt Kaffee; Peter Semjonowitsch raucht.

Erster Auftritt.

Maria Iwanowna, **Alexandra Iwanowna** und **Peter Semjonowitsch**.

Alexandra Iwanowna. Wenn du nicht meine Schwester, sondern eine fremde Person wärest und Nikolai Iwanowitsch nicht dein Mann, sondern irgendein Bekannter, so würde ich seine Handlungsweise originell und nett finden und ihn vielleicht sogar darin bestärken. Da ich aber sehe, daß dein Gatte Narrheiten treibt, direkt Narrheiten, muß ich dir meine Meinung sagen. Ihm, deinem Gatten, werde ich sie ebenfalls sagen. Angst habe ich nicht.

Maria Iwanowna. Das kränkt mich durchaus nicht; ich sehe es ja selbst ein. Glaubte nur nicht, daß die Sache so wichtig sei.

Alexandra. Ja, du glaubst es nicht; ich sage dir aber, wenn du den Dingen ihren Lauf läßt, kommt ihr noch an den Bettelstab. So, wie er es treibt!

Peter Semjonowitsch. Bettelstab! Bei ihrem Vermögen!

Alexandra. Jawohl: Bettelstab. Und du, mein Lieber, unterbrich mich bitte nicht. Für dich ist natürlich alles gut, was Männer tun …

Semjonowitsch. Ich weiß ja gar nicht, ich sage nur …

Alexandra. Du weißt eben nie, was du sagst. Wenn ihr Männer einmal anfangt, Dummheiten zu machen, gibt es kein Halten mehr. Ich sage nur, ich an deiner Stelle würde das nicht erlauben. Würde dem schon einen Riegel vorschieben. Was soll denn das heißen! Ein Mann, Familienvater, beschäftigt sich mit gar nichts, gibt alles weg und spielt nach rechts und links den Großmütigen. Ich weiß schon, wie das endet. Wir können davon ein Lied mitsingen.

Semjonowitsch (zu Maria). So klären Sie mich doch endlich einmal darüber auf, Maria, was diese neue Richtung bedeutet? Liberalismus: Selbstverwaltung, Verfassung, Schulen, Lesehallen und was daran bimmelt und bammelt – das verstehe ich. Auch die Sozialisten mit ihren Streiks und Achtstundentag sind mir noch begreiflich. Aber das hier? Was ist das eigentlich? Erklären Sie es mir.

Maria. Er hat Ihnen gestern ja selbst die Erklärung gegeben.

Semjonowitsch. Offen gesagt, habe ich ihn nicht verstanden. Evangelium, Bergpredigt; die Kirche sei überflüssig … Wie soll man denn da seine Andacht verrichten und alles?

Maria. Das ist es ja eben, daß er alles zerstört und nichts Neues an die Stelle setzt.

Semjonowitsch. Wie hat es eigentlich angefangen?

Maria. Im vorigen Jahr. Mit dem Tode seiner Schwester. Er hatte sie sehr lieb, und ihr Tod wirkte derart auf ihn, daß er ganz tiefsinnig wurde, stets vom Sterben sprach und schließlich, wie Sie wissen, selbst erkrankte. Dann, nach dem Typhus, war er wie umgewandelt.

Alexandra. Er war doch aber im Frühjahr bei uns in Moskau so lieb und nett. Spielte Karten, genau wie andere …

Maria. Und war doch schon ganz anders …

Semjonowitsch. Ja, aber wie denn eigentlich?

Maria. Vollkommen gleichgültig gegen seine Familie und dabei von dieser fixen Idee besessen. Ich meine das Evangelium. Er las tagelang darin, schlief nachts nicht, stand auf, um zu lesen, machte sich Notizen und Auszüge, fuhr dann zu Bischöfen und Mönchen und disputierte mit ihnen.

Alexandra. Geht er denn zum Abendmahl?

Maria. Seit unserer Verheiratung, also seit fünfundzwanzig Jahren, war er nicht hingegangen. Dann nahm er es einmal im Kloster, erklärte aber hinterher sofort, es sei nicht nötig und der Kirchenbesuch überflüssig.

Alexandra. Ich sage ja, keine Spur von Konsequenz.

Maria. Noch vor einem Monat hat er keinen Gottesdienst versäumt, alle Fastentage streng gehalten – und dann ist auf einmal alles überflüssig. Da red' einer mit ihm.

Alexandra. Ich habe mit ihm gesprochen und werde es tun.

Semjonowitsch. Aber das alles ist doch nicht so schlimm …

Alexandra. Für dich ist nichts schlimm, weil ihr Männer keine Religion habt.

Semjonowitsch. So laß mich doch ausreden. Ich meine, daß es darauf doch nicht ankommt. Wenn er die Kirche verwirft, was soll ihm dann das Evangelium?

Maria. Er sagt, man müsse nach dem Evangelium, nach der Bergpredigt leben, alles hingeben.

Semjonowitsch. Wie soll man denn aber leben, wenn man alles hingibt?

Alexandra. Und wo hat er in der Bergpredigt dieses Shake hands mit den Dienstboten gefunden? Da steht wohl: Selig sind die Sanftmütigen; von Händedrücken steht aber nichts da.

Maria. Natürlich hat er sich wieder hinreißen lassen, wie das stets bei ihm der Fall ist, und wie er sich eine Zeitlang von der Musik, Jagd, von seiner Schule hinreißen ließ. Aber mein Los wird dadurch nicht leichter.

Semjonowitsch. Wozu ist er denn wieder in die Stadt gefahren?

Maria. Das hat er mir nicht gesagt; ich weiß aber, daß es wegen des Holzfrevels ist; die Bauern haben widerrechtlich bei uns Holz geschlagen.

Semjonowitsch. In dem selbstangelegten Tannenwald?

Maria. Ja. Man hat die Täter auch zu Geld- und Gefängnisstrafe verurteilt, und heute kommt, wie er mir sagte, die Sache im Plenum vor dem Friedensrichter zur Verhandlung. Ich nehme an, daß er deswegen hingefahren ist.

Alexandra. Er wird ihnen alles verzeihen, und morgen kommen sie dann und schlagen unseren Park nieder.

Maria. Ja, so fängt die Sache an. Alle Apfelbäume haben sie umgeknickt und den ganzen Rasen zertreten – er sagt ihnen nichts.

Semjonowitsch. Sonderbar.

Alexandra. Eben deswegen mein' ich: es kann nicht so bleiben. Wenn das so fortgeht, bringt er alles durch. Meiner Ansicht nach bist du als Mutter verpflichtet, deine Maßnahmen zu treffen.

Maria. Was kann ich dagegen tun?

Alexandra. Du? Ihn zurückhalten, sagen, daß es nicht so weitergeht. Du hast Kinder! Was bekommen die für ein Beispiel!

Maria. Gewiß ist es schwer; aber ich ertrage alles in der Hoffnung, daß es vergehen wird, wie die früheren Schwärmereien.

Alexandra. Sehr schön, aber es heißt: hilf dir selbst, so hilft dir Gott. Man muß ihm zu verstehen geben, daß er nicht allein in der Welt ist, und daß man so nicht leben kann.

Maria. Das Schlimmste ist, daß er sich nicht mehr um die Kinder kümmert. Ich muß alles allein besorgen. Dabei habe ich das Kleine und die Älteren, Mädchen und Knaben, die Aufsicht und Leitung verlangen. Alles fällt mir zu. Früher ein so zärtlicher, besorgter Vater – jetzt ist ihm alles gleich. Ich sagte ihm gestern, daß Wanja nicht lernt und sicher wieder durchs Examen fällt; da meinte er, es wäre viel besser, wenn er das Gymnasium ganz verließe.

Semjonowitsch. Was soll er denn anfangen?

Maria. Nichts. Das ist ja das Schreckliche, daß er alles verurteilt, selbst aber nicht sagt, was man tun soll.

Semjonowitsch. Sonderbar, sehr sonderbar.

Alexandra. Wieso sonderbar? Ist doch die gewöhnliche Art der Männer: alles zu verurteilen und selbst nichts zu tun.

Maria. Stefan hat jetzt sein Studium beendet und muß sich für eine Karriere entscheiden – der Vater sagt ihm nichts. Anfangs wollte er in eine Ministerialkanzlei eintreten, aber Nikolai Iwanowitsch meinte, das sei eine überflüssige Tätigkeit; dann wollte der Junge zur Garde – das verwarf der Vater gänzlich. Schließlich fragt er ihn: was soll ich denn eigentlich anfangen? Etwa pflügen? Da antwortet Nikolai Iwanowitsch: warum nicht pflügen? Das ist weit nützlicher als in der Kanzlei hocken. Also was soll er tun? Kommt natürlich zu mir, und ich muß die Entscheidung treffen. Dabei hat er als Vater alles in Händen.

Alexandra. Das muß man ihm offen sagen.

Maria. Gewiß; und ich werde es auch tun.

Alexandra. Sag ihm direkt, du erträgst es nicht länger. Du tätest deine Pflicht, also müsse er die seinige erfüllen, oder dir alles abtreten.

Maria. Ach, das ist so peinlich.

Alexandra. Wenn du willst, sage ich es ihm; ich nehme kein Blatt vor den Mund.

Ein junger Priester (tritt verlegen und aufgeregt mit einem Buche in der Hand ein; er begrüßt alle durch Händedruck).

Zweiter Auftritt.

Die Vorigen und der junge **Priester**.

Priester. Ich wollte nämlich zu Nikolai Iwanowitsch, um ihm das Buch zurückzubringen.

Maria. Er ist in die Stadt gefahren, kommt aber bald zurück.

Alexandra. Was haben Sie denn für ein Buch?

Priester. Ein Werk von Renan. »Das Leben Jesu« nämlich.

Semjonowitsch. Nun sieh einer! Solche Bücher lesen Sie!

Priester (zündet sich in der Verlegenheit eine Zigarette an). Nikolai Iwanowitsch hat es mir zur Durchsicht gegeben.

Alexandra (verächtlich). So, so, Nikolai Iwanowitsch hat es Ihnen zur Durchsicht gegeben. Sind Sie denn mit Nikolai Iwanowitsch und diesem Herrn Renan einer Meinung?

Priester. Natürlich bin ich das nicht. Wenn es der Fall wäre, wäre ich nämlich kein Diener der Kirche mehr.

Alexandra. Wenn Sie ein treuer Diener der Kirche sind, weshalb überzeugen Sie dann Nikolai Iwanowitsch nicht?

Priester. In diesen Dingen kann nämlich jeder seine eigenen Gedanken haben, und Nikolai Iwanowitsch hat in mancher Hinsicht recht. In der Hauptsache aber, bezüglich der Kirche, hat er sozusagen unrecht.

Alexandra (verächtlich). In welcher Hinsicht hat denn Nikolai Iwanowitsch recht? Etwa, daß man nach der Bergpredigt sein Vermögen an Fremde geben und die eigene Familie betteln lassen soll?

Priester. Die Kirche heiligt sozusagen die Familie, und die Kirchenväter haben sie gesegnet; die höhere Vollkommenheit fordert aber doch sozusagen Verzicht auf irdische Güter.

Alexandra. Gewiß, Glaubensstreiter haben so gehandelt: einfache Sterbliche aber, denke ich, müssen so handeln, wie es sich für brave Christen geziemt.

Priester. Niemand kann wissen, wozu er berufen ist.

Alexandra. Sie sind natürlich verheiratet?

Priester. Gewiß.

Alexandra. Und haben Kinder?

Priester. Zwei.

Alexandra. Warum verzichten Sie denn nicht auf die irdischen Güter? rauchen sogar Zigaretten?

Priester. Aus Schwäche, Unwürdigkeit sozusagen.

Alexandra. Ja, ich sehe, anstatt Nikolai Iwanowitsch zur Vernunft zu bringen, bestärken Sie ihn in seiner Torheit. Muß Ihnen offen sagen, das ist nicht hübsch.

Wärterin (tritt ein).

Dritter Auftritt.

Die Vorigen. Wärterin.

Wärterin. Hören gnädige Frau denn nicht? Der Kleine schreit, will die Brust haben.

Maria. Ich komme, komme schon. (Steht auf und geht ab.)

Vierter Auftritt.

Die Vorigen ohne Wärterin und Maria Iwanowna.

Alexandra. Sie tut mir schrecklich leid, die Schwester. Ich sehe, wie sie sich quält. Wahrhaftig keine Kleinigkeit, solch einen Hausstand zu führen. Sieben Kinder, eins noch an der Brust; dazu er mit seinen »Ideen«. Mir scheint wirklich bisweilen, daß er hier nicht ganz richtig ist. (Sie deutet auf die Stirn. Zum Priester.) Ich frage Sie: was haben Sie da eigentlich für eine neue Religion entdeckt?

Priester. Ich verstehe nicht ganz ...

Alexandra. Hören Sie doch auf mit Ihren Spiegelfechtereien! Sie verstehen sehr gut, was ich meine.

Priester. Erlauben Sie ...

Alexandra. Ich frage, was das für eine Religion ist, aus der hervorgeht, daß man allen Bauern die Hand drücken, ihnen den Wald überlassen und Geld zum Schnaps geben, die eigene Familie aber im Stich lassen muß?

Priester. Davon weiß ich nichts ...

Alexandra. Er sagt, das sei Christentum. Sie sind Priester der rechtgläubigen christlichen Kirche, also müssen Sie unbedingt Bescheid wissen, ob das Christentum zum Diebstahl treibt.

Priester. Aber ich kann doch ...

Alexandra. Wozu sind Sie denn Priester, tragen langes Haar und ein Talar?

Priester. Danach werden wir nicht gefragt ...

Alexandra. Wieso nicht gefragt? Ich frage doch aber. Er sagte mir gestern, im Evangelium stände: So dich einer bittet, dem gib. In welchem Sinne ist das zu verstehen?

Priester. Ich denke, ganz wörtlich.

Alexandra. Ich denke aber: nicht. Uns hat man gelehrt, jedem sei das Seine von Gott bestimmt.

Priester. Natürlich, indessen ...

Alexandra. Man merkt ganz deutlich, daß Sie tatsächlich, wie man mir gesagt, auf seiner Seite sind. Und ich muß Ihnen offen gestehen, daß ich das für unrecht halte. Wenn irgendeine Lehrerin oder ein unreifer Junge seine Gedanken nachredet, so ist das begreiflich; Sie in Ihrem Amt müßten aber bedenken, welche Verantwortung auf Ihnen ruht.

Priester. Ich bemühe mich ...

Alexandra. Was ist das für eine Religion, wenn er nicht zur Kirche geht und die Sakramente nicht anerkennt! Und Sie, statt ihn zur Vernunft zu bringen, lesen Renan mit ihm und legen das Evangelium auf Ihre Art aus.

Priester (erregt). Darauf weiß ich nichts zu erwidern. Bin sozusagen einfach sprachlos.

Alexandra. Ich sollte nur Bischof sein, dann würde ich Ihnen das Renanlesen und Zigarettenrauchen schon austreiben!

Semjonowitsch. Um Himmels willen hör auf! Was nimmst du dir da heraus!

Alexandra. Bitte keine Zurechtweisung! Batjuschka ist mir sicher nicht böse, daß ich offen meine Meinung gesagt habe. Im Gegenteil, es wäre schlimm, wenn ich hinter dem Berge hielte. Habe ich recht?

Priester. Verzeihen Sie, wenn ich mich nicht richtig ausgedrückt habe; verzeihen Sie bitte.

(Ungemütliches Schweigen.)

Ljuba und **Lisa** (kommen. Ljuba, Maria Iwanownas Tochter, ein zwanzigjähriges, hübsches, energisches Mädchen; Lisa, Alexandra Iwanownas Tochter, ist etwas älter. Beide tragen Kopftücher und Körbe, um Pilze zu sammeln. Ljuba begrüßt die Tante und den Onkel, Lisa Vater und Mutter, sowie den Priester).

Fünfter Auftritt.

Die Vorigen. Ljuba und **Lisa**.

Ljuba. Wo ist denn Mama?

Alexandra. Eben fortgegangen, um den Kleinen zu nähren.

Semjonowitsch. Seht mal zu, daß ihr recht viel Pilze bringt. Ein Mädchen hat heute herrliche weiße gebracht. Ich würde euch begleiten, aber es ist so heiß.

Lisa. Komm doch mit, Papa.

Alexandra. Geh nur, geh; du wirst sonst zu dick.

Semjonowitsch. Also meinetwegen. Will nur Zigaretten holen. (Er geht ab.)

Sechster Auftritt.

Die Vorigen ohne Peter Semjonowitsch.

Alexandra. Wo steckt denn das junge Volk?

Ljuba. Stefan ist per Rad zur Station; Mitrofan Jermilytsch begleitet Papa in die Stadt; die Kleinen spielen Krocket, und Wanja jagt mit den Hunden herum.

Alexandra. Hat Stefan sich nun für etwas entschieden?

Ljuba. Ja, er will als Freiwilliger dienen. Hat selbst ein Gesuch eingereicht. Gestern ist er schrecklich frech gegen Papa geworden.

Alexandra. Na ja, leicht hat er es auch nicht. Schließlich reißt jedem einmal die Geduld. Will jetzt anfangen zu leben, und da sagt man ihm: geh pflügen.

Ljuba. So hat Papa es ihm nicht gesagt. Er sagte ...

Alexandra. Ganz egal. Jedenfalls beginnt jetzt sein Leben, und was er auch unternimmt, alles wird ihm zuwider gemacht. Aber da ist er selbst.

Priester (tritt beiseite, öffnet sein Buch und liest).

Stefan (fährt auf dem Rade vor).

Siebenter Auftritt.

Die Vorigen. Stefan.

Alexandra. Wie der Wolf in der Fabel ... Eben war von dir die Rede. Ljuba sagt, du hättest dich mit dem Vater gezankt.

Stefan. Absolut nicht. Nichts Besonderes. Er sagte mir seine Meinung, ich ihm meine. Ich bin nicht schuld daran, daß unsere Ansichten nicht übereinstimmen. Ljuba versteht gar nichts und will über alles mitsprechen.

Alexandra. Was ist denn nun herausgekommen?

Stefan. Ich weiß nicht, was Papa beschlossen hat; fürchte, er ist sich selbst nicht klar darüber. Ich für meine Person habe beschlossen, als Einjähriger bei der Garde einzutreten. Hier wird aus allem so viel Wesens gemacht; dabei ist die Sache ganz einfach. Mein Studium habe ich beendet und muß nun meiner Dienstpflicht genügen. In der Linie unter betrunkenen, rohen Offizieren ist das kein Vergnügen, deswegen diene ich bei der Garde, wo ich Freunde habe.

Alexandra. Schön. Warum ist denn aber dein Papa dagegen?

Stefan. Ach der! Der steht jetzt ganz im Banne seiner fixen Idee und sieht nur, was er sehen will. Er sagt, der Militärdienst sei der abscheulichste von allen; deshalb dürfe man nicht dienen, und deswegen gibt er mir kein Geld.

Lisa. Stefan, das hat er nicht gesagt! Ich war doch dabei! Er hat gesagt, wenn man schon nicht anders könnte, sollte man wenigstens bis zur Aushebung warten. Durch den Eintritt als Freiwilliger aber zeige man, daß man diesen Dienst selbst wähle.

Stefan. Schließlich soll ich doch dienen und nicht er. Er hat ja selbst gedient.

Lisa. Gewiß. Er sagt aber auch gar nicht, daß er dir kein Geld geben will, sondern, daß er nicht an einer Sache teilnehmen kann, die gegen seine Überzeugung geht.

Stefan. Es handelt sich hier nicht um Überzeugungen, sondern um den Dienst, und damit basta!

Lisa. Und ich sage nur, was ich gehört habe.

Stefan. Ist ja ganz klar, daß du immer auf Papas Seite bist. Tante, du weißt auch, daß Lisa stets Papa die Stange hält.

Lisa. Alles, was recht ist! …

Alexandra. Für mich nichts Neues, daß Lisa stets alle Dummheiten mitmacht. Sie wittert förmlich, wo eine Dummheit aushängt.

Wanja (kommt, von Hunden begleitet, in roter Bluse, ein Telegramm in der Hand schwingend).

Achter Auftritt.

Die Vorigen. Wanja.

Wanja (zu Ljuba). Rat mal, wer da kommt.

Ljuba. Wie kann ich das raten! Gib her. (Sie streckt die Hand nach dem Telegramm aus. Wanja gibt es ihr nicht.)

Wanja. Ich geb' es nicht und sage es nicht. Der, bei dem du immer so rot wirst.

Ljuba. Dummheit, von wem ist das Telegramm?

Wanja. O, wie sie rot wird, wie sie rot wird! Tante Aline, ist sie nicht ganz rot geworden?

Ljuba. Ach, laß die Dummheiten. Von wem ist es? Tante Aline, von wem ist das Telegramm?

Alexandra. Von Tscheremschanows.

Ljuba. Ach so!

Wanja. Na, siehst du wohl: ach so! Und bei wem wirst du immer rot?

Ljuba. Tante, zeig bitte. (Sie liest.) »Mit Schnellzug, drei Personen, Tscheremschanows«. Also die Fürstin, Boris und Tonja. Das freut mich aber wirklich.

Wanja. Es freut sie aber wirklich! Stefan, sieh mal, wie sie rot geworden ist.

Stefan. Hör doch endlich auf; immer ein und dasselbe.

Wanja. Jawohl, das sagst du nur, weil du selbst in Tonja verkeilt bist. Da müßt ihr beide schon losen, denn das geht doch nicht, daß die Schwester den Bruder nimmt und der Bruder die Schwester.

Stefan. Laß dein dummes Geschwätz. Wie oft hat man dir gesagt, du sollst nicht überall deinen Senf dazu geben!

Lisa. Mit dem Schnellzug müssen sie bald hier sein.

Ljuba. Gewiß. Also gehen wir nicht zum Pilzsammeln.

Semjonowitsch (kommt mit Zigaretten).

Neunter Auftritt.

Die Vorigen und **Peter Semjonowitsch**.

Ljuba. Onkel Peter, wir gehen nicht.

Semjonowitsch. Was ist denn los?

Ljuba. Tscheremschanows kommen bald. Laß uns lieber eine Partie Tennis spielen. Stefan, machst du mit?

Stefan. Meinetwegen.

Ljuba. Ich spiele mit Wanja gegen dich und Lisa. Wollt ihr? Also ich hole die Bälle und die Jungens. (Sie geht ab.)

Zehnter Auftritt.

Die Vorigen ohne Ljuba.

Semjonowitsch. Das nennt man: versetzt.

Priester (will gehen). Ich habe die Ehre.

Alexandra. Nein, warten Sie, Batjuschka; ich möchte mit Ihnen sprechen. Auch muß Nikolai Iwanowitsch gleich kommen.

Priester (setzt sich wieder und zündet sich eine Zigarette an). Es dauert vielleicht noch lange.

Alexandra. Eben kommt jemand angefahren – das muß er sein.

Semjonowitsch. Was für eine Tscheremschanow ist das eigentlich? Die geborene Golizyn?

Alexandra. Nun ja, die mit ihrer Tante in Rom lebte.

Semjonowitsch. Wird mir ein Vergnügen sein. Haben uns seit Rom nicht wiedergesehen. Ach, die schönen Duette! Wie reizend sie sang! Hat ja wohl zwei Kinder, nicht wahr?

Alexandra. Ja; mit denen kommt sie.

Semjonowitsch. Ich wußte gar nicht, daß sie und Sarynzews so intim sind.

Alexandra. Intim nicht. Sie waren voriges Jahr zusammen im Ausland; und es kommt mir vor, als ob die Fürstin für ihren Sohn Absichten auf Ljuba hat. Sie ist eine ganz Gerissene. Spekuliert auf eine große Mitgift.

Semjonowitsch. Tscheremschanows waren doch selbst reich?

Alexandra. Das war einmal. Der Fürst lebt ja noch, hat aber alles durchgebracht und vertrunken. Sie hat dann an höchster Stelle eine Eingabe gemacht und wenigstens den Rest des Vermögens gerettet. Der Mann hat sie verlassen, dafür aber den Kindern eine ausgezeichnete Erziehung gegeben. Die Gerechtigkeit muß man ihm lassen. Die Tochter ist sehr musikalisch; der Sohn hat die Universität absolviert und ist ein lieber Bursche. Ich fürchte nur, unsere Hausfrau wird von den Gästen jetzt nicht sehr erbaut sein. Aber da ist ja Nikolai!

Nikolai (tritt auf).

Elfter Auftritt.

Die Vorigen mit **Nikolai Iwanowitsch**.

Nikolai. Guten Tag, Aline und Peter Semjonowitsch. (Zum Priester.) Ach, Wassili Nikanorowitsch! (Er begrüßt ihn.)

Alexandra. Kaffee ist noch da. Soll ich dir eingießen? Er ist etwas abgekühlt, aber man kann ihn wärmen. (Sie klingelt.)

Nikolai. Nein, danke. Ich habe schon getrunken. Wo ist meine Frau?

Alexandra. Sie nährt das Kind.

Nikolai. Fühlt sie sich wohl?

Alexandra. Es geht. Na, hast du deine Angelegenheiten erledigt?

Nikolai. Ja. Übrigens, wenn noch Tee oder Kaffee da ist, gib her. (Zum Priester.) Haben Sie das Buch mitgebracht? Es gelesen? Ich habe während der ganzen Reise an Sie gedacht.

Ein Diener (tritt ein).

Zwölfter Auftritt.

Die Vorigen und ein **Diener**, der Nikolai Iwanowitsch begrüßt. Dieser reicht ihm die Hand. Alexandra Iwanowna tauscht achselzuckend mit ihrem Manne Blicke.

Alexandra. Wärmen Sie bitte den Samowar.

Nikolai. Ach das ist nicht nötig, Aline. Wenn ich trinken will, trinke ich so.

Dreizehnter Auftritt.

Die Vorigen. Missi.

Missi (die den Vater vom Krocketplatz erblickt hat, kommt auf ihn zugelaufen und wirft sich ihm um den Hals). Papa, du sollst mitkommen!

Nikolai (sie streichelnd). Sofort, sofort, laß mich nur erst trinken. Geh spielen, ich komme sofort.

Missi (geht ab).

Vierzehnter Auftritt.

Die Vorigen ohne Missi.

Alexandra. Nun, sind die Bauern schuldig?

Nikolai (setzt sich an den Tisch, trinkt hastig Tee und ißt etwas dazu).

Alexandra. Sind sie verurteilt?

Nikolai. Gewiß sind sie verurteilt; haben ja alles zugegeben. (Zum Priester.) Ich habe mir gedacht, daß Renan Sie nicht überzeugen würde …

Alexandra. Du bist aber mit dem Urteil nicht einverstanden?

Nikolai (ärgerlich). Natürlich nicht. (Zum Priester.) Für Sie handelt es sich nicht um die Gottheit Christi und nicht um die Geschichte des Christentums, sondern um die Kirche …

Alexandra. Was heißt das: die Bauern geben ihre Schuld zu, und du widerlegst ihre Aussagen? Sie haben das Holz wohl nicht gestohlen, sondern einfach genommen?

Nikolai (beginnt wieder mit dem Geistlichen zu reden, wendet sich dann aber energisch an Alexandra Iwanowna). Liebe Aline, laß mich endlich mit deinen Sticheleien und Anspielungen in Ruhe.

Alexandra. Aber ich habe doch gar nicht …

Nikolai. Wenn du ernstlich wissen willst, weshalb ich wegen des Holzes, das sie nötig hatten, mit den Bauern nicht prozessieren kann …

Alexandra. Vielleicht haben sie diesen Samowar auch nötig …

Nikolai. Also, wenn du wirklich wissen willst, weshalb ich es nicht zulassen kann, daß diese Leute ins Gefängnis wandern, weil sie in dem Walde, der als meiner gilt, zehn Bäume gefällt haben …

Alexandra. Er *gilt* nicht als deiner, er *ist* es!

Semjonowitsch. Schon wieder Streit!

Nikolai. Ja, selbst wenn es, was ich nie zugeben kann, mein von allen anerkanntes Eigentum ist, so besitze ich neunhundert Morgen Wald, auf jeden Morgen kommen zirka fünfhundert Bäume, macht vierhundertfünfzigtausend Bäume, nicht wahr? Zehn von diesen, das heißt ein Fünfundvierzigtausendstel, haben sie gefällt. Nun frage ich: lohnt es sich, darf man wegen solcher Lappalie jemanden von seiner Familie losreißen und ins Gefängnis werfen?

Stefan. Ja; wenn sie aber wegen dieses einen Fünfundvierzigtausendstel nicht bestraft werden, hauen sie die übrigen vierundvierzigtausendneunhundertneunundneunzig Fünfundvierzigtausendstel auch bald um!

Nikolai. Ich sage das nur der Tante. Tatsächlich habe ich gar kein Recht auf diesen Wald. Der Grund und Boden gehört allen gemeinsam, kann also nicht Eigentum eines einzelnen sein. Wir haben auf diesen Grund und Boden keine Arbeit verwandt.

Stefan. Du hast ihn doch aber in Stand gehalten, bewachen lassen …

Nikolai. Wie habe ich denn das gemacht? Hab' doch nicht selbst die Arbeit getan … Aber das läßt sich nicht beweisen. Wenn jemand nicht fühlt, wie schändlich es ist, einen andern zu ruinieren …

Stefan. Das tut ja niemand.

Nikolai. Genau so, wie man jemandem, der sich nicht schämt, ohne eigene Tätigkeit die Arbeit anderer zu benutzen, das nicht beweisen kann. Und die ganze Nationalökonomie, die du auf der Universität studiert hast, ist nur dazu da, um die sozialen Zustände, in denen wir leben, zu rechtfertigen.

Stefan. Im Gegenteil: die Wissenschaft beseitigt alle vorgefaßten Meinungen.

Nikolai. Übrigens lege ich darauf nicht viel Wert. Für mich ist wichtig, zu wissen, daß ich an Stelle der Bauern genau so gehandelt hätte und verzweifeln würde, wenn man mich dafür ins Gefängnis würfe. Da ich nun gegen andere so handeln muß, wie ich selbst behandelt werden möchte, kann ich sie unmöglich schuldig sprechen, sondern muß alles tun, was ich kann, um sie frei zu bekommen.

Semjonowitsch. Wenn das richtig ist, darf man überhaupt nichts besitzen.

Alexandra. Dann ist Stehlen weit vorteilhafter als Arbeiten.

Stefan. Du gehst nie auf meine Argumente ein. Ich sage, wer Aufwendungen für einen Gegenstand macht, erwirkt dadurch ein Anrecht auf seine Benutzung.

(Alle gleichzeitig.)

Nikolai (lächelnd). Ich weiß nicht, wem ich zuerst antworten soll. (Zu Peter Semjonowitsch.) Man darf auch nichts besitzen.

Alexandra. Wenn man nichts besitzen darf, darf man auch keine Kleidung, kein Brot haben, sondern muß alles hingeben und darf überhaupt nicht leben.

Nikolai. Man darf auch nicht so leben wie wir jetzt.

Stefan. Das heißt, den Tod vorziehen. Folglich taugt diese Lehre nicht für das Leben.

Nikolai. Im Gegenteil: sie gilt nur für das Leben. Ja, man muß alles hingeben. Das heißt, nicht den Wald, den man nicht benutzt und niemals sieht, sondern Kleidung und Nahrung muß man hingeben.

Alexandra. Auch die der Kinder?

Nikolai. Auch die. Und nicht nur Kleidung und Nahrung muß man hingeben, sondern sich selbst. Darin besteht die ganze Lehre Christi. Alle Kraft muß man darauf verwenden, sich völlig hinzugeben.

Stefan. Das heißt mit anderen Worten: sterben.

Nikolai. Wenn du für deine Freunde stirbst, so ist das schön für dich wie für sie. Freilich ist der Mensch nicht nur Geist, sondern Geist im Fleische. Das Fleisch aber, der Körper, trachtet danach, für sich zu leben, während der aufgeklärte Geist für Gott, für andere lebt. Unser aller Leben ist kein tierisches, sondern es liegt auf der Mittellinie, und je näher es dem göttlichen kommt, um so besser ist es. Deswegen müssen wir möglichst nach Gott trachten; der Leib sorgt schon für sich selbst.

Stefan. Wozu denn aber die Mittellinie? Wenn schon solches Leben gut ist, muß man eben alles hingeben und sterben.

Nikolai. Gewiß; das ist sehr schön. Bemüh dich, trachte danach, so wird dir wohl sein und andern.

Alexandra. Nein, das ist unklar, durchaus nicht einfach, sondern an den Haaren herbeigezogen.

Nikolai. Was soll ich dazu sagen. Mit Worten läßt sich das nicht erklären. Übrigens – genug davon.

Stefan. Ja, wirklich genug. Ich verstehe es auch nicht. (Er geht ab.)

Fünfzehnter Auftritt.

Die Vorigen ohne Stefan.

Nikolai (zum Priester). Also, welchen Eindruck hat das Buch auf Sie gemacht?

Priester (erregt). Wie soll ich sagen: die historische Seite ist genügend berücksichtigt, aber ganz zuverlässig, völlig überzeugend wirkt das Ganze nicht, weil das Material nicht genügt. Die Göttlichkeit oder Nichtgöttlichkeit Christi kann man historisch nicht beweisen; es gibt nur einen unwiderleglichen Beweis ...

(Während der Unterhaltung entfernen sich zunächst die Damen, dann auch Peter Semjonowitsch. Es bleiben nur der Priester und Nikolai Iwanowitsch.)

Nikolai. Sie meinen die Kirche?

Priester. Nun gewiß doch, die Kirche, das Zeugnis zuverlässiger, heiliger Männer.

Nikolai. Allerdings wäre es schön, wenn solch eine sündlose Gemeinschaft existierte, der man glauben könnte. Sogar sehr wünschenswert. Daß etwas wünschenswert ist, beweist aber noch nicht, daß es existiert.

Priester. Ich denke doch, gerade das beweist es. Gott konnte seine Gebote nicht der Möglichkeit aussetzen, daß sie verdreht, entstellt, falsch gedeutet wurden, sondern mußte eine Hüterin seiner Wahrheiten einsetzen, die dafür sorgte, daß sie rein erhalten blieben.

Nikolai. Schön. In diesem Falle müssen Sie aber nicht nur die Wahrheiten selbst, sondern auch die Daseinsberechtigung ihrer Hüterin beweisen.

Priester. Daran muß man eben glauben.

Nikolai. Gewiß muß man glauben; ohne Glauben kommt man nicht aus. Aber nicht an das muß man glauben, was andere einem sagen, sondern an das, was die eigenen Gedanken, die eigene Vernunft einem zeigen ... Dahin gehört der Glaube an Gott, an ein wahres, ewiges Leben.

Priester. Die Vernunft kann trügerisch sein; jeder hat seine eigene Vernunft.

Nikolai (leidenschaftlich). Das ist eine schreckliche Gotteslästerung! Nur dieses eine heilige Werkzeug zur Erkenntnis der Wahrheit, das einzige, das uns alle vereinigen kann, hat Gott uns gegeben. Und dabei glauben wir nicht daran!

Priester. Wie kann man auch, wo so viele Meinungsverschiedenheiten existieren.

Nikolai. Wo sind die! Daß zweimal zwei vier ist; daß man einem anderen nicht zufügen darf, was man sich selbst nicht wünscht; daß alles in der Welt eine Ursache hat und ähnliche Wahrheiten anerkennen wir alle, weil sie mit unserer Vernunft übereinstimmen. Daß aber Gott sich auf dem Berge Sinai Moses geoffenbart, daß Buddha auf einem Sonnenstrahl davongeflogen, oder Mohammed gen Himmel gefahren und Christus ebenfalls – in diesen und ähnlichen Dingen sind wir alle verschiedener Meinung.

Priester. Nein, die in der Wahrheit sind, sind nicht verschiedener Meinung. Wir sind alle eins in dem einen Glauben an Gott, Christus.

Nikolai. Nicht einmal darin sind wir einig. Und dann: warum soll ich Euch mehr glauben als einem buddhistischen Lama? Nur, weil ich in Eurem Glauben geboren bin?

(Streit zwischen den Tennisspielern. Eine Stimme ruft: »Out!« – »Nein, nicht out!« *Wanja*: »Ich hab' es gesehen!« – Während der Unterhaltung räumt ein Diener den Tisch auf und bringt wieder Tee und Kaffee.)

Nikolai. Sie sagen: die Kirche führt die Einigung herbei. Im Gegenteil: die schrecklichste Zwietracht ist stets von der Kirche ausgegangen. »Wie oft wollte ich euch sammeln, wie eine Henne die Küchlein ...«

Priester. Das war vor Christus; Christus aber hat alle versammelt.

Nikolai. Wohl hat Christus alle versammelt, wir aber haben sie wieder zerstreut, weil wir ihn verkehrt verstanden haben. Er hat alle Kirchen zerstört.

Priester. Wie stimmt dazu das: »Sag es der Kirche.«

Nikolai. Es kommt nicht auf Worte an. Diese Worte sagen übrigens gar nichts über die Kirche. Ausschlaggebend ist der Geist einer Lehre. Die Lehre Christi ist für die ganze Welt bestimmt, schließt alle Bekenntnisse in sich und läßt keine Sonderheiten, nichts Ausschließliches zu; keine Auferstehung, keine Gottheit Christi, keine Sakramente – nichts, was die Menschen voneinander trennt.

Priester. Das ist denn doch wohl nur Ihre Auslegung der christlichen Lehre. Diese Lehre selbst aber fußt durchaus auf der Gottheit und Auferstehung.

Nikolai. Das ist ja gerade das Schreckliche an den Kirchen. Eben dadurch säen sie Zwietracht, daß sie im Besitz der vollen, unzweifelhaften, unfehlbaren Wahrheit zu sein behaupten. »Uns und dem Heiligen Geist hat es gefallen« ... Das begann schon bei der ersten Versammlung der Apostel. Seit der Zeit trat man mit der Behauptung auf, im Besitz der völligen, ausschließlichen Wahrheit zu sein. Wenn ich nämlich sage, es gibt einen Gott, einen Ursprung der Welt, werden alle mir beipflichten. Dieses Bekenntnis vereint uns. Wenn ich aber sage, es gibt einen Gott Brahma, oder einen Gott der Juden, oder eine Dreieinigkeit – so bewirkt eine solche Gottheit Zwietracht. Die Menschen trachten nach Vereinigung und gebrauchen, um sie herbeizuführen, alle möglichen Mittel. Vergessen aber das eine, Unzweifelhafte: Streben nach Wahrheit. In der Art, wie wenn Menschen, die in einem ungeheuren Gebäude, in das das Licht von oben in die Mitte fällt, sich vereinigen wollen, und nun in den Ecken sich versammeln, anstatt alle zusammen zum Licht zu wandeln, wo sie ohne viel Nachdenken vereint werden.

Priester. Wie kann man aber das Volk ohne ganz bestimmte – nun sagen wir: Wahrheiten leiten?

Nikolai. Das ist wieder das Schreckliche. Wir, jeder von uns muß selbst seine Seele retten, selbst Gottes Werk tun; statt dessen bemühen wir uns, andere zu retten und zu unterweisen. Und was bringen wir ihnen bei? Es ist fürchterlich, daran zu denken. Jetzt, am Ende des neunzehnten Jahrhunderts, lehren wir, Gott hätte die Welt in sechs Tagen geschaffen, dann die Sintflut geschickt, alle Tiere in die Arche gesperrt, und alle Dummheiten und Garstigkeiten des Alten Testamentes. Dann, Christus habe geboten, alle mit Wasser zu taufen oder an den Unsinn und das Abscheuliche einer Erlösung zu glauben, ohne die niemand selig werden könne, und sei dann in den Himmel geflogen und säße dort, im Himmel, der nicht existiert, zur Rechten des Vaters. Wir haben uns an all diese Dinge gewöhnt, sie sind aber schrecklich. Ein frisches, für alles Gute und die Wahrheit empfängliches Kind fragt uns, was die Welt sei und welche Gesetze sie regierten? und anstatt ihm die überlieferte Lehre der Liebe und Wahrheit mitzuteilen, geben wir uns alle erdenkliche Mühe, den schrecklichsten Unsinn einzutrichtern. Das ist fürchterlich. Das ist das schlimmste Verbrechen, das es gibt. Und wir und Sie, samt Ihrer Kirche, begehen ununterbrochen dieses Verbrechen. Verzeihen Sie.

Priester. Ja, wenn man die christliche Lehre so, sagen wir: rationalistisch auffaßt, mag das der Fall sein.

Nikolai. Wie man sie auch auffaßt, es ist und bleibt so.

(Schweigen.)

Alexandra (tritt ein).

Sechzehnter Auftritt.

Die Vorigen. Alexandra Iwanowna.

Alexandra. Leben Sie wohl, Batjuschka. Er macht Sie ganz konfus; hören Sie nicht auf ihn.

Priester. Nein, lesen Sie die Heilige Schrift. Die Sache ist zu wichtig, um sie so leicht abzutun. (Er zieht sich zurück.)

Siebzehnter Auftritt.

Die Vorigen ohne Priester.

Alexandra. Wirklich, Nikolai, du nimmst keine Rücksicht. Trotz seines geistlichen Standes ist er doch noch so jung, kann noch keine festen Überzeugungen haben …

Nikolai. Man soll ihm wohl Zeit lassen, in seinen verkehrten Ansichten fest und sicher zu werden. Nein, wozu das? So ein braver, aufrichtiger Mensch!

Alexandra. Was würde aus ihm, wenn er dir glaubte?

Nikolai. Mir zu glauben braucht er nicht; es wäre aber gut für ihn, wie für alle anderen, wenn er die Wahrheit einsähe.

Alexandra. Wenn das gut wäre, würden alle dir glauben; dir glaubt aber niemand – deine Frau am allerwenigsten. Sie kann einfach nicht.

Nikolai. Wer hat dir das gesagt?

Alexandra. Du magst ihr alles noch so deutlich erklären – sie wird dich nie begreifen, wie ich nicht, und wie die ganze Welt nicht begreift, daß man sich um fremde Leute kümmern und seine eigenen Kinder im Stich lassen muß. Das mach mal deiner Frau begreiflich!

Nikolai. Auch Mascha wird mich sicher einst verstehen. Und, nimm es mir nicht übel, Aline, aber wenn hier keine fremden Einflüsse mitwirkten, denen sie sehr leicht unterliegt, würde sie mich schon verstehen und mit mir gehen.

Alexandra. Um ihre Kinder zugunsten des trunkenen Jefim und Konsorten zu verstoßen? Niemals! Du wirst mir deswegen böse sein, aber verzeih mir, ich kann nicht anders, ich muß dir das sagen.

Nikolai. Ich bin dir nicht böse. Im Gegenteil, ich freue mich, daß du alles ausgesprochen hast und mir dadurch Veranlassung gibst, ihr unumwunden meine Meinung zu sagen. Ich habe unterwegs alles überlegt und werde es ihr sofort sagen, und du sollst sehen, daß sie mir beistimmt, weil sie gut und verständig ist.

Alexandra. Das möchte ich doch bezweifeln.

Nikolai. Nein, es ist ganz sicher. Es handelt sich doch nicht um etwas, das ich mir ausgedacht habe, sondern um das, was wir alle wissen, was Christus uns geoffenbart hat.

Alexandra. Ja, deiner Auffassung nach hat Christus *das* geoffenbart, meiner Meinung nach etwas anderes.

Nikolai. Das kann nicht sein.

(Geschrei bei den Tennisspielern. *Ljuba*: »Out!« *Wanja*: »Nein, wir haben nichts gesehen.« *Lisa*: »Ich hab's gesehen, dort ist der Ball niedergefallen.« *Ljuba*: »Out! Out! Out!« *Wanja*: »Ist nicht wahr!« *Ljuba*: »Erstens ist es nicht fein, zu sagen: es ist nicht wahr.« *Wanja*: »Und erst recht nicht fein, die Unwahrheit zu sagen.«)

Nikolai (fortfahrend). Wart einen Augenblick; sag einmal nichts dagegen, sondern hör mich an.

Alexandra. Schön. Ich höre.

Nikolai. Es ist doch wahr, daß wir alle jede Minute sterben können und entweder in das Nichts eingehen oder zu Gott, der von uns ein Leben nach seinem Willen verlangt.

Alexandra. Nun?

Nikolai. Was kann ich also in diesem Leben anderes tun, als nur das, was der oberste Richter in meiner Seele, mein Gewissen, Gott verlangt? Und dieses Gewissen, Gott, verlangt, daß ich alle Menschen für gleich halte, allen diene, alle liebe.

Alexandra. Also auch die eigenen Kinder.

Nikolai. Gewiß, auch sie; aber dabei alles tue, was mir mein Gewissen befiehlt. Die Hauptsache ist, daß ich begreife, daß mein Leben nicht mir, deins nicht dir, sondern Gott gehört, der uns in dieses Leben gesandt hat und verlangt, daß wir seinen Willen tun. Sein Wille aber …

Alexandra. Davon willst du Mascha überzeugen?

Nikolai. Sicherlich.

Alexandra. So daß sie aufhört, ihre Kinder zu erziehen, wie es sich gehört, und sie im Stich läßt? Niemals!

Nikolai. Nicht nur sie, auch du wirst es begreifen, wirst begreifen, daß dir nichts anderes übrig bleibt.

Alexandra. Nie! Niemals!

Maria Iwanowna (tritt ein).

Achtzehnter Auftritt.

Die Vorigen. Maria Iwanowna.

Nikolai. Nun, Mascha, ich habe dich heute morgen doch nicht geweckt?

Maria. Nein, ich schlief nicht. Nun, ist deine Reise glücklich verlaufen?

Nikolai. Ja, sehr glücklich.

Maria. Du trinkst ja alles kalt? Aber jetzt muß man an die Gäste denken. Du weißt, daß Tscheremschanows mit Sohn und Tochter kommen.

Nikolai. Freut mich, wenn sie dir angenehm sind.

Maria. Ich hab' sie gern, und die jungen Leute ebenfalls. Nur kommen sie nicht sehr gelegen.

Alexandra (sich erhebend). Sprich dich nur mit ihm aus; ich sehe beim Spiel ein wenig zu.

Neunzehnter Auftritt.

Die Vorigen ohne Alexandra Iwanowna. Schweigen. Dann beginnen beide auf einmal zu sprechen.

Maria. Sie kommen ungelegen, weil wir uns aussprechen müssen.

Nikolai. Diesen Augenblick sagte ich zu Aline …

Maria. Was denn?

Nikolai. Nein, sprich du nur.

Maria. Ich wollte über Stefan mit dir reden. Da muß endlich eine Entscheidung getroffen werden. Der arme Junge quält sich, weiß nicht, was aus ihm wird. Er kommt zu mir, aber ich kann nichts entscheiden.

Nikolai. Was ist denn da zu entscheiden. Mag er doch selbst seinen Entschluß fassen.

Maria. Du weißt, daß er als Freiwilliger bei der Garde eintreten will. Dazu braucht er eine Bescheinigung von dir und die Mittel zum Unterhalt; und die willst du ihm nicht geben! (Sie spricht erregt.)

Nikolai. Reg dich um Gottes willen nicht auf, Mascha. Hör mich an. Weder will ich etwas geben noch nicht geben. Ich halte den freiwilligen Eintritt beim Militär für dumm, sinnlos, für ein Zeichen von geringer

Bildung, wenn jemand das Abscheuliche des Berufes nicht kennt; oder aber für niederträchtig, wenn Berechnung im Spiele ist …

Maria. Für *dich* ist jetzt alles dumm oder niederträchtig. Stefan muß doch aber leben. *Du* hast auch gelebt.

Nikolai (sich ereifernd). Das war, als ich noch nichts verstand und niemand mich aufklärte. Hier handelt es sich aber nicht um mich, sondern um ihn.

Maria. Wieso? Du bist doch der, der ihm kein Geld geben will.

Nikolai. Ich kann nicht geben, was mir nicht gehört.

Maria. Wieso nicht gehört?

Nikolai. Mir gehört nicht das, was andere Leute erarbeitet haben. Das Geld, das ich ihm gebe, muß ich anderen abnehmen. Dazu habe ich kein Recht, das kann ich nicht. Solange ich die Verfügung über das Gut habe, kann ich nicht anders darüber verfügen, als mir mein Gewissen befiehlt. Ich bringe es nicht fertig, die sauer erarbeiteten letzten Groschen der Bauern für Leibhusarenzechen herzugeben. Nehmt mir das Besitztum, dann bin ich nicht mehr verantwortlich.

Maria. Du weißt doch, daß ich das nicht will, nicht kann. Ich soll die Kinder gebären, nähren, erziehen – das ist zu viel! …

Nikolai. Mascha, Liebling! Darum handelt es sich ja gar nicht. Als du zu reden anfingst, fing ich auch an – ich wollte einmal so recht von Herzen mit dir sprechen. So geht es nicht weiter. Wir leben zusammen und verstehen uns nicht. Es macht bisweilen den Eindruck, als sei das Absicht.

Maria. Ich gebe mir alle erdenkliche Mühe, bringe es aber nicht fertig. Ich verstehe dich nicht, verstehe nicht, was mit dir vorgegangen ist.

Nikolai. Nun, dann will ich dir etwas sagen. Es ist zwar jetzt nicht die Zeit dazu, aber Gott weiß, wann die ist. Bemüh dich weniger, mich zu verstehen, als dich selbst, dein Leben. Man kann nicht so leben, ohne zu wissen, wozu.

Maria. Wir haben es aber doch bislang getan und uns sehr wohl dabei gefühlt. (Den ärgerlichen Ausdruck in seinem Gesicht bemerkend.) Nun gut, ich höre schon.

Nikolai. Auch ich habe so dahingelebt, ohne nachzudenken, warum ich lebe. Aber dann kam die Zeit, wo ich erschrak. Schön: wir leben von der Arbeit anderer, zwingen andere, für uns zu arbeiten, setzen Kinder in die Welt und erziehen sie zu ebensolchem Leben. Dann kommt das Alter, der

Tod, und ich frage mich: wozu habe ich gelebt? Um die Zahl solcher menschlichen Parasiten wie ich zu vermehren? Was aber die Hauptsache: solch ein Leben macht kein Vergnügen. Es ist noch erträglich, wenn, wie bei Wanja, die Lebensenergie in einem überschäumt …

Maria. Dabei leben doch alle so…

Nikolai. Und sind alle unglücklich.

Maria. Durchaus nicht.

Nikolai. Ich wenigstens habe eingesehen, daß ich sehr unglücklich bin und dich und die Kinder ebenfalls unglücklich mache. Und da fragte ich mich: Hat Gott uns wirklich dazu geschaffen? Und sobald ich darüber nachdachte, fühlte ich, daß das nicht der Fall sei. Darauf fragte ich mich: Wozu hat Gott uns eigentlich geschaffen?

Ein Diener (kommt).

Zwanzigster Auftritt.

Die Vorigen und der **Diener**.

Maria (hört nicht auf ihren Gatten, sondern wendet sich dem Diener zu). Bringen Sie etwas gekochte Sahne.

Diener (geht ab).

Nikolai. Und im Evangelium fand ich die Antwort, daß wir nicht um unserer selbst willen leben. Das wurde mir klar, als ich einmal über das Gleichnis von den Weingärtnern nachdachte. Kennst du es?

Maria. Ja, das von den Arbeitern.

Nikolai. Nun, dieses Gleichnis zeigte mir ganz klar, worin mein Irrtum bestand. Wie die Weingärtner den Garten für ihr Eigentum hielten, glaubte ich, mein Leben sei – mein. Da war denn alles schrecklich. Sobald ich aber begriff, daß mein Leben nicht mir gehöre, sondern daß ich in die Welt gesandt sei, um das Werk Gottes zu verrichten …

Maria. Nun ja, das wissen wir alle.

Nikolai. Wenn das der Fall ist, können wir unmöglich derart weiter leben, daß unser ganzes Leben nicht nur keine Erfüllung des Willens Gottes, sondern im Gegenteil seine ununterbrochene Übertretung bedeutet.

Maria. Wie ist das möglich, wenn wir niemandem Böses tun?

Nikolai. Was heißt: niemandem Böses tun? Das ist ja genau die Lebensauffassung der Weingärtner. Wir müssen doch …

Maria. Ich kenne das Gleichnis. Er gab allen gleichen Lohn.

Nikolai (nach kurzem Schweigen). Nein, das ist nicht das Wesentliche. Bedenk doch, Mascha, daß wir nur *ein* Leben besitzen, das wir entweder heiligen oder zugrunde richten können.

Maria. Ich bin nicht imstande, so viel zu denken und zu überlegen. Nachts schlafe ich nicht, nähre das Kind, besorge den ganzen Haushalt, und anstatt mir zu helfen, redest du mir Dinge vor, die ich nicht verstehe.

Nikolai. Mascha!

Maria. Dazu nun noch der Besuch.

Nikolai. Schon gut. Wir werden uns schon verständigen. (Er küßt sie.) Nicht wahr?

Maria. Ja; wenn du nur so bist, wie früher.

Nikolai. Das kann ich nicht; du mußt auf mich hören.

(Es ertönt Schellengeläut und Wagenrollen.)

Maria. Jetzt ist keine Zeit. Die Gäste sind da. Ich muß zu ihnen. (Sie geht um die Hausecke.)

Ljuba und **Stefan** (gehen auch dorthin).

Wanja (springt über eine Bank). Ich höre nicht auf, wir spielen die Partie zu Ende. Ljuba! Na, also?

Ljuba (ernst). Bitte, mach keine Dummheiten.

Alexandra Iwanowna mit ihrem Gatten und **Lisa** (kommen auf die Veranda).

Nikolai Iwanowitsch (geht nachdenklich auf und ab).

Einundzwanzigster Auftritt.

Nikolai Iwanowitsch. Alexandra Iwanowna.
Peter Semjonowitsch und **Lisa**.

Alexandra. Nun, hast du sie bekehrt?

Nikolai. Aline! Was zwischen uns vorgeht, ist etwas Großes, Bedeutendes! Scherze sind hier nicht angebracht. Nicht ich bekehre sie, sondern das Leben, die Wahrheit, Gott. Deswegen muß sie sich überzeugen lassen, wenn nicht heute, so morgen, und wenn nicht morgen, dann ... Schrecklich, daß nie jemand Zeit hat. Wer ist denn da gekommen?

Semjonowitsch. Tscheremschanows, Katja Tscheremschanowa, die ich achtzehn Jahre nicht gesehen habe. Das letztemal sang sie mit mir: Là ci darem la mano. (Singt.)

Alexandra (zu ihrem Gatten). Bitte, fall mir nicht ins Wort. Glaub' nicht, daß ich mit Nikolai zanke. Ich sage die Wahrheit. (Zu Nikolai.) Ich mache durchaus keinen Scherz, aber es kam mir sonderbar vor, daß du Mascha gerade in dem Augenblick bekehren wolltest, als sie daran ging, mit dir zu sprechen.

Nikolai. Schon gut, schon gut. Da kommen sie. Sag Mascha, daß ich in meinem Zimmer bin. (Ab.)

Zweiter Aufzug.

Derselbe Schauplatz auf dem Lande, acht Tage später.

Die Bühne stellt einen großen Saal dar. Der Tisch ist gedeckt. Samowar, Tee und Kaffee. An der Wand ein Flügel, Notenständer. Am Tisch sitzen Maria Iwanowna, die Fürstin Tscheremschanowa und Peter Semjonowitsch.

Erster Auftritt.

Maria Iwanowna. Peter Semjonowitsch und die **Fürstin.**

Semjonowitsch. Ja, Fürstin, es ist lange her, daß Sie die Rosine gesungen haben, und ich … tauge nicht einmal mehr zum Don Basilio …

Fürstin. Jetzt könnten unsere Kinder singen. Leider haben die Zeiten sich geändert.

Semjonowitsch. Ja, man ist mehr für das Positive … Ihre Tochter spielt übrigens sehr gut. Was treibt die Gesellschaft, schlafen sie wirklich noch?

Maria. Ja. Sind gestern bei Mondschein spazieren geritten und sehr spät heimgekehrt. Ich hörte sie, als ich den Kleinen nährte.

Semjonowitsch. Und wann wird meine glaubenstüchtige Gemahlin wieder hier sein? Habt ihr den Wagen geschickt?

Maria. Ja; sie ist schon früh fortgefahren. Muß bald zurück sein.

Fürstin. Ist sie wirklich nur hingefahren, um Pater Gerassim zu holen?

Maria. Ja. Gestern kam ihr der Gedanke, und sofort führte sie ihn aus.

Fürstin. Diese Energie. Ich bewundere sie.

Semjonowitsch. O, damit sind wir reichlich versehen. (Nimmt eine Zigarre aus dem Etui.) Ich werde ein wenig rauchen und mit den Hunden im Park spazierengehen, bis die liebe Jugend aufsteht. (Er geht ab.)

Zweiter Auftritt.

Fürstin. Maria Iwanowna.

Fürstin. Ich weiß nicht, liebe Maria Iwanowna, aber es kommt mir vor, als wenn Sie sich das alles zu sehr zu Herzen nehmen. Ich verstehe ihn recht gut. Er befindet sich in gehobener Stimmung. Was ist schließlich dabei, wenn er auch den Armen etwas zukommen läßt? Wir denken sowieso zu viel an uns.

Maria. Wenn es dabei sein Bewenden hätte; aber Sie kennen ihn nicht, wissen nicht alles. Das ist keine Armenunterstützung mehr, sondern völlige Umwälzung, Vernichtung alles Bestehenden.

Fürstin. Ich möchte mich nicht in Ihr Familienleben mischen, wenn Sie aber gestatten …

Maria. Bitte sehr. Ich rechne Sie zur Familie, besonders jetzt.

Fürstin. Dann möchte ich Ihnen raten, offen und ehrlich Ihre Forderungen auszusprechen und sich mit ihm zu einigen, bis zu welcher Grenze …

Maria (erregt). Da gibt es keine Grenzen! Alles will er fortgeben! Verlangt, daß ich in meinen Jahren Köchin, Wäscherin werde.

Fürstin. Nicht möglich! Das ist allerdings erstaunlich!

Maria (zieht einen Brief aus der Tasche). Wir sind allein und ich freue mich, daß ich Ihnen alles sagen kann. Gestern hat er mir diesen Brief geschrieben. Ich will ihn Ihnen vorlesen.

Fürstin. Was? Er lebt mit Ihnen unter einem Dach und schreibt Ihnen Briefe? Sonderbar.

Maria. Nein, das verstehe ich schon. Er regt sich beim Reden immer so sehr auf. Ich fürchte nächstens für seine Gesundheit.

Fürstin. Was schreibt er denn?

Maria. Also: (Liest.) »Du machst mir den Vorwurf, ich zerstörte unser früheres Leben, setzte aber nichts Neues an die Stelle, und sagte nicht, wie ich mit der Familie zurechtkommen wollte. Wenn wir das mündlich erörtern, regen wir uns zu sehr auf – deswegen schreibe ich dir. Warum ich nicht so weiterleben kann, wie bisher, habe ich schon oft gesagt; dich überzeugen, daß man so nicht leben darf, sondern christlich leben muß – vermag ich brieflich nicht. Dir steht eins von beiden frei: entweder glaubst du der Wahrheit und gehst aus freien Stücken mit mir, oder du vertraust mir und folgst mir nach.« (Sie unterbricht die Lektüre.) Ich kann weder das eine noch das andere. Ich glaube nicht an die Notwendigkeit: so zu leben, wie er will; die Kinder tun mir leid, ich kann ihm hierin nicht vertrauen. (Sie liest weiter.) »Mein Plan ist folgender: Wir geben all unser Land den Bauern und behalten nur fünfzig Morgen, den Garten, das Gemüseland und die Rieselwiesen. Dann wollen wir sehen, daß wir das Land selbst bestellen, ohne uns oder den

Kindern Zwang anzutun. Das Land, das wir behalten, kann uns immerhin fünfhundert Rubel abwerfen.«

Fürstin. Eine Familie mit sieben Kindern soll von fünfhundert Rubeln leben? Das ist unmöglich.

Maria. Dann folgt hier der ganze Plan. Das Haus soll als Schule dienen, wir selbst wohnen im Gärtnerhäuschen in zwei Zimmern.

Fürstin. Ich glaube nachgerade wirklich, daß die Sache krankhaft ist. Was haben Sie ihm erwidert?

Maria. Ich sagte, ich brächte das nicht fertig. Allein würde ich ihm überallhin folgen, aber mit den Kindern ... Bedenken Sie doch nur: der Kleine bekommt ja noch die Brust. Ich sagte ihm: ich kann doch nicht alles so hinwerfen. Habe ich denn dazu geheiratet? Ich bin schwach und alt. Neun Kinder gebären und aufziehen ist doch keine Kleinigkeit.

Fürstin. Ich hätte nie geglaubt, daß die Sache schon so weit gekommen ist.

Maria. So liegen die Dinge. Ich weiß nicht, was nun wird. Gestern hat er den Bauern aus Dmitrowka den Pachtzins erlassen und will ihnen das Land ganz und gar übergeben.

Fürstin. Meiner Meinung nach dürfen Sie das nicht zulassen. Sie haben die Pflicht, Ihre Kinder sicherzustellen. Wenn er sein Besitztum nicht mehr verwalten kann, soll er es Ihnen abtreten.

Maria. Das will ich nicht.

Fürstin. Sie sind es den Kindern schuldig. Die Besitzung kann ja auf Ihren Namen eingetragen werden.

Maria. Das hat meine Schwester Sascha ihm schon gesagt. Er erwiderte darauf, er hätte kein Recht dazu; das Land gehöre denen, die es bearbeiteten; er sei verpflichtet, es den Bauern abzutreten.

Fürstin. Ja, jetzt begreife ich, daß die Sache weit ernster ist, als ich glaubte.

Maria. Und der Priester, der Priester ist auf seiner Seite!

Fürstin. Ja, das habe ich gestern bemerkt.

Maria. Deshalb ist auch meine Schwester nach Moskau gefahren, um mit dem Notar zu sprechen und hauptsächlich, um Pater Gerassim mitzubringen, der ihn überzeugen soll.

Fürstin. Ja, ich denke auch, das Christentum besteht nicht darin, seine Familie ins Unglück zu stürzen.

Maria. Leider glaubt er auch dem Pater nicht. Er ist so bestimmt in allem, und wenn er spricht, kann ich ihm nichts erwidern. Das ist ja das Schreckliche, daß es mir stets vorkommt, als hätte er recht.

Fürstin. Das kommt daher, daß Sie ihn lieben.

Maria. Ich weiß nicht, woher es kommt; jedenfalls ist es schrecklich. Auf diese Weise bleibt alles unentschieden. Das soll nun Christentum sein.

Wärterin (tritt ein).

Dritter Auftritt.

Die Vorigen. Wärterin.

Wärterin. Bitte, gnädige Frau. Der Kleine ist aufgewacht und schreit.

Maria. Sofort; ich bin so unruhig, und der Kleine hat Leibschmerzen. Ich komme schon.

Nikolai (tritt mit einem Schreiben in der Hand zur andern Tür ein).

Vierter Auftritt.

Maria Iwanowna. Die Fürstin. Nikolai Iwanowitsch.

Nikolai. Nein, das darf nicht sein, das ist unmöglich!

Maria. Was denn?

Nikolai. Daß wegen dieser einen Tanne Peter ins Gefängnis kommt.

Maria. Wieso?

Nikolai. Ganz einfach. Er hat sie gefällt, wurde deswegen angeklagt und jetzt vom Friedensrichter zu drei Monaten Gefängnis verurteilt. Seine Frau ist da.

Maria. Nun, was ist denn dabei unmöglich?

Nikolai. Nein, es darf nicht sein! Eins kann ich: keinen Wald besitzen. Und das werde ich. Aber was weiter? Ich werde zu ihm gehen und sehen, ob ich nicht helfen kann bei dem Unglück, das wir verursacht haben. (Er geht zur Veranda und stößt auf Boris und Ljuba.)

Fünfter Auftritt.

Die Vorigen. Boris und **Ljuba**.

Ljuba. Guten Morgen, Papa. (Sie küßt ihn.) Wohin willst du?

Nikolai. Ins Dorf, wo ich war. Da wird ein hungriger Mensch ins Gefängnis geschleppt, weil er …

Ljuba. Wirklich – Peter?

Nikolai. Ja, Peter. (Er geht ab.)

Maria (folgt ihm).

Sechster Auftritt.

Die Vorigen ohne Nikolai Iwanowitsch und Maria Iwanowna.

Ljuba (setzt sich an den Samowar). Wünschen Sie Kaffee oder Tee?

Boris. Einerlei …

Ljuba. Immer dasselbe. Ich weiß nicht, wie das endet.

Boris. Ich verstehe ihn nicht. Ich weiß, daß das Volk arm, unwissend ist, daß man ihm helfen muß; aber nicht in der Art, daß man Diebe ermutigt.

Ljuba. Wodurch denn?

Boris. Durch unsere ganze Tätigkeit. Unser ganzes Wissen, alle Kenntnisse muß man in den Dienst des Volkes stellen – sein Leben darf man aber nicht hingeben.

Ljuba. Papa sagt, gerade das sei notwendig.

Boris. Das verstehe ich nicht. Man kann dem Volk dienen, ohne sein Leben zugrunde zu richten. So will ich meine Zukunft einrichten. Wenn du nur deinerseits …

Ljuba. Ich will, was du willst. Ich fürchte mich nicht.

Boris. Und diese Ohrringe, das Kleid?

Ljuba. Die Ohrringe kann man verkaufen, das Kleid ist nicht viel wert. Trotzdem braucht man ja nicht als Vogelscheuche herumzulaufen.

Boris. Ich möchte noch mit deinem Vater sprechen. Was meinst du, bin ich ihm im Wege, wenn ich ihn im Dorf aufsuche?

Ljuba. Durchaus nicht. Ich sehe, daß er dich gern hat. Gestern wandte er sich meistens an dich.

Boris (leert seine Kaffeetasse). Also ich gehe.

Ljuba. Ja, geh nur. Ich werde Lisa und Tonja wecken.

Beide (gehen ab).

Verwandlung.

Dorfstraße.

Vor seiner Hütte liegt, mit dem Schafpelz bedeckt, Iwan Sjabrem.

Erster Auftritt.

Iwan allein.

Iwan (ruft). Malaschka!

(Hinter der Hütte kommt ein schmächtiges, kleines Mädchen mit einem Kleinen auf dem Arm zum Vorschein. Der Kleine schreit.)

Zweiter Auftritt.

Iwan und **Malaschka** mit dem **Kleinen**.

Iwan. Wasser. Trinken!

Malaschka (geht in die Hütte – dort hört man das Kind laut schreien. Sie kommt mit einem Krug voll Wasser).

Iwan. Weshalb haust du den Kleinen immer, daß er schreit? Ich sag's der Mutter.

Malaschka. Das tu nur. Er schreit, weil er hungrig ist.

Iwan (trinkt). Solltest bei Demkins um etwas Milch bitten.

Malaschka. Da bin ich gewesen. Die haben nichts. Da ist auch niemand zu Hause.

Iwan. Ach, wenn doch der Tod käme. Hat's zu Mittag geläutet?

Malaschka. Schon vor ein paar Stunden. Da kommt der gnädige Herr.

Nikolai Iwanowitsch (tritt auf).

Dritter Auftritt.

Die Vorigen und **Nikolai Iwanowitsch**.

Nikolai. Na? Du bist hier draußen?

Iwan. Ja, wegen der Fliegen. Und dann die Hitze.

Nikolai. Ist dir jetzt warm?

Iwan. Brennt alles wie Feuer.

Nikolai. Wo ist denn Peter? zu Hause?

Iwan. Ach wo, bei solchem Wetter. Auf dem Felde ist er, um einzufahren.

Nikolai. Und da sagt man mir, er solle ins Gefängnis!

Iwan. Das stimmt; der Polizist will ihn gerade vom Felde holen.

(Ein schwangeres Weib kommt mit einer Hafergarbe und Harke und schlägt Malaschka sofort in den Nacken.)

Vierter Auftritt.

Die Vorigen und das **Weib**.

Weib. Weshalb läßt du den Kleinen allein! Hörst doch, wie er brüllt. Immer nur auf der Straße herumlungern!

Malaschka (heult). Ich bin gerade herausgekommen. Vater wollte trinken.

Weib. Ich werd' dich kriegen! (Sie sieht den Herrn.) Ah, grüß Gott, Väterchen Nikolai Iwanowitsch. Ist das ein Leiden hier! Alles muß ich allein besorgen; hab' schon keine Kraft mehr. Und da wirft man den letzten, der noch arbeitet, ins Gefängnis. Der Taugenichts aber räkelt sich da herum.

Nikolai. Was redest du! Er ist doch krank.

Weib. Schön krank! Bin ich nicht krank? Wenn's an die Arbeit geht, ist man krank. Aber faulenzen und mir die Zöpfe ausreißen – das kann er. Soll er doch verrecken wie ein Hund; was schert's mich!

Nikolai. Das ist Sünde! Fühlst du das nicht?

Weib. Ich weiß, daß es Sünde ist, kann aber mein Herz nicht zwingen. Trag' ein Kind im Leib und arbeite für zwei. Die andern Bauern haben abgeerntet; bei uns sind zwei Viertelmorgen noch nicht gemäht. Ich müßte Garben binden, kann aber nicht. Bin zu Hause nötig, muß nach den Kindern sehen.

Nikolai. Den Hafer will ich mähen lassen durch Arbeiter, und binden auch.

Weib. Das Binden ist nicht schlimm – das besorge ich selbst; wenn nur erst gemäht ist. Was glauben Nikolai Iwanowitsch, muß er wohl sterben? Geht ihm doch sehr schlecht.

Nikolai. Ich weiß nicht. Gewiß steht es schlecht mit ihm. Ich denke, man bringt ihn ins Krankenhaus.

Weib. Ach Herrgott! (Sie beginnt laut zu weinen.) Bring ihn nicht fort, laß ihn hier sterben. (Zu ihrem Manne.) Was hast du?

Iwan. Ins Krankenhaus will ich. Hier hab' ich's schlimmer als ein Hund.

Weib. Nun weiß ich schon gar nichts mehr. Hab' den Verstand verloren. Malaschka, mach das Mittagessen zurecht.

Nikolai. Was habt ihr denn zu essen?

Weib. Was wird's sein? Kartoffel und Brot. Und auch das reicht nicht. (Sie geht in die Hütte. Man hört ein Schwein quieken und das Kind schreien.)

Fünfter Auftritt.

Die Vorigen ohne das Weib.

Iwan (stöhnt). Ach Gott, könnte ich doch sterben.

Boris (kommt).

Sechster Auftritt.

Die Vorigen und **Boris**.

Boris. Kann ich Ihnen irgendwie nützlich sein?

Nikolai. Nützlich sein? Kaum. Das Leiden sitzt zu tief. Nützlich sein können Sie nur sich selbst, indem Sie erkennen, worauf wir unser Glück begründen. Da ist eine Familie, fünf Kinder, die Frau schwanger, der Mann krank, nichts zu essen als Kartoffel. Jetzt entscheidet sich die Frage, ob man im nächsten Jahre satt wird oder nicht. Helfen kann man nicht. Womit auch? Ich besorge ihr einen Arbeiter. Wer ist aber dieser Arbeiter? Eben solch armer Teufel, dessen Wirtschaft durch Trunkenheit, Not zugrunde gegangen ist.

Boris. Verzeihung, was tun Sie denn aber hier?

Nikolai. Ich lerne meine Lage kennen, erfahre, wer unsern Garten besorgt, unser Haus baut, uns kleidet und ernährt.

Bauern mit Sensen, **Weiber** mit Rechen (kommen und verbeugen sich).

Siebenter Auftritt.

Die Vorigen. Bauern und **Bäuerinnen**.

Nikolai (hält einen an). Jermil, willst du ihnen nicht gegen Lohn den Hafer mähen?

Jermil (den Kopf schüttelnd). Ich tät's von Herzen gern, kann aber unmöglich abkommen, hab' das eigene noch nicht eingefahren. Gerade wollen wir daran. Wie steht's hier? wird der Iwan sterben?

Ein anderer Bauer. Ob Onkel Sebastian es übernehmen wird? He, Sebastian! Da wird ein Mäher gesucht!

Sebastian. Vermiet *du* dich doch. Heute schafft's fürs ganze Jahr.

Die Bauern (gehen weiter).

Achter Auftritt.

Die Vorigen ohne Bauern und Weiber.

Nikolai. Lauter halb verhungerte, kranke, oft schon alte Leute, die allein von Brot und Wasser leben. Der Greis da hat einen Bruch, der ihm viel Schmerzen macht; dabei arbeitet er von vier Uhr früh bis zehn Uhr abends und lebt kaum noch. Wir dagegen? Wie kann unsereins, der das versteht, ruhig weiterleben und sich für einen Christen halten? Was sage ich: Christen? Wilde Tiere handeln so!

Boris. Was soll man denn tun?

Nikolai. An dem Bösen nicht teilnehmen; kein Land besitzen, nicht die Frucht ihrer Arbeit verzehren. Wie das einzurichten ist, weiß ich nicht. Hier handelt es sich darum ... wenigstens war das mit mir der Fall. Ich habe gelebt, ohne zu wissen, wie; ohne zu begreifen, daß ich Gottes Sohn, wie wir alle Gottes Söhne und Brüder sind. Als ich das aber begriff, daß wir alle gleiches Recht auf das Leben haben, wurde mein Leben ein ganz anderes. Doch das kann ich Ihnen jetzt nicht erklären. Nur das eine will ich sagen, daß ich früher blind war, wie die Meinigen zu Hause es noch sind. Jetzt aber bin ich sehend geworden und kann nicht anders, ich muß sehen. Und weil ich sehe, kann ich nicht so weiterleben. Übrigens davon später. Jetzt muß ich tun, was ich kann.

Der Dorfpolizist, **Peter**, sein **Weib** und **kleiner Knabe** (kommen).

Neunter Auftritt.

Die Vorigen. Der Polizist. Peter, sein **Weib** und sein **Sohn**.

Peter (fällt Nikolai Iwanowitsch zu Füßen). Verzeih mir, um Christi willen, ich gehe zugrunde! Was wird aus meinem Weibe! Könnte ich wenigstens gegen Bürgschaft freikommen.

Nikolai (zum Polizisten). Ich fahre zum Gericht und mache die Eingabe. Kannst du ihn jetzt nicht freilassen?

Polizist. Wir haben Befehl, ihn aufs Amt zu bringen.

Nikolai. Also dann geh mit; ich besorge Hilfe und tue, was ich kann. Das bin ich selbst. Wie kann man nur so leben. (Er geht ab.)

Verwandlung.

Wieder auf dem Gut.

Draußen Regen. Gastzimmer mit Flügel. Tonja hat eine Sonate von Schumann gespielt und sitzt noch am Flügel. Daneben steht Stefan. Boris sitzt. Ljuba, Lisa, Mitrofan Jermilytsch, der Priester – alle sind vom Spiel ergriffen.

Erster Auftritt.

Tonja. Stefan. Boris. Ljuba. Lisa. Mitrofan. Priester. Bauern von außen.

Ljuba. Wie entzückend, das Andante.

Stefan. Nein, das Scherzo. Alles wundervoll.

Lisa. Sehr schön.

Stefan. Ich hätte Sie nie für solche Künstlerin gehalten. Das ist wirklich meisterhaftes Spiel. Technische Schwierigkeiten existieren für Sie nicht; Sie denken nur an den Gefühlsinhalt und drücken alles wunderbar zart aus.

Ljuba. Und vornehm.

Tonja. Ich fühle aber, daß es nicht so ist, wie ich möchte … Mir fehlt noch vieles.

Lisa. Wie ist das möglich? Ich finde alles wunderbar.

Ljuba. Schumann ist schön, aber Chopin greift doch mehr ans Herz.

Stefan. Er ist lyrischer.

Tonja. Man kann die beiden nicht vergleichen.

Ljuba. Kennst du sein Prélude?

Tonja. Das sogenannte George Sand-Prélude? (Sie spielt den Anfang.)

Ljuba. Nein, das nicht. Es ist schön, wird aber reichlich viel gespielt. Nun, spiel nur, bitte.

Tonja (spielt, soweit sie kann, bricht dann aber plötzlich ab).

Ljuba. Nein, D-Moll.

Tonja. Ach, das – das ist herrlich. Es hat so etwas Elementares, Vorweltliches.

Stefan (lacht). Ja, ja. Nun, spielen Sie, bitte. Aber Sie sind müde. Also haben wir wenigstens einen herrlichen Morgen verbracht – dank Ihnen.

Tonja (steht auf und schaut zum Fenster hinaus). Wieder die Launen.

Ljuba. Was die Musik alles vermag! Ich verstehe König Saul. Mich quält kein böser Geist, aber ich begreife ihn. Keine Kunst läßt so alles vergessen, wie die Musik. (Sie tritt zum Fenster.) Was wollt ihr?

Bauern. Wir haben Nikolai Iwanowitsch gebeten.

Ljuba. Er ist nicht hier. Wartet etwas.

Tonja. Und dabei heiratest du einen Menschen, der nichts von Musik versteht.

Ljuba. Das ist nicht möglich.

Boris (zerstreut). Musik ... Nein, ich liebe sie, oder besser, ich bin ihr nicht feind. Ziehe aber etwas Einfacheres vor, zum Beispiel ein schlichtes Lied.

Tonja. Wieso? Ist denn diese Sonate nicht reizend?

Boris. Sie scheint mir nicht wichtig. Ich beneide die Leute, die solchen Dingen Wichtigkeit beimessen.

(Auf dem Tische stehen Süßigkeiten.)

Alle (essen davon).

Lisa. Das finde ich nett: ein Bräutigam und dann diese Süßigkeiten ...

Boris. Daran bin ich unschuldig. Das hat Mama besorgt.

Tonja. Ich finde es sehr nett.

Ljuba. Musik ist dadurch wertvoll, daß sie ergreift, erhebt und die Wirklichkeit vergessen macht. Wie düster war vorhin alles – nun hast du gespielt, und plötzlich ist es ringsum licht geworden. Wirklich licht geworden.

Lisa. Die Chopinschen Walzer sind etwas abgeleiert und dennoch ...

Tonja. Dieser zum Beispiel ... (Sie spielt.)

Nikolai Iwanowitsch (tritt ein und begrüßt alle Anwesenden einzeln).

Zweiter Auftritt.

Die Vorigen. Nikolai Iwanowitsch.

Nikolai. Wo ist Mama?

Ljuba. Ich glaube im Kinderzimmer.

Stefan (ruft einen Diener).

Ljuba. Papa, wie wundervoll Tonja spielt. Wo warst du denn?

Nikolai. Ich war im Dorf.

Der Diener (tritt ein).

Dritter Auftritt.

Die Vorigen. Der Diener.

Stefan. Bring noch einen Samowar.

Nikolai (begrüßt wieder den Diener mit Händedruck). Guten Tag!

Der Diener (geht verlegen ab).

Nikolai (geht ab).

Vierter Auftritt.

Die Vorigen ohne Diener und Nikolai Iwanowitsch.

Stefan. Der unglückliche Bursche! Wie verlegen er war. Ich verstehe das nicht! Als ob wir an etwas schuld wären.

Nikolai Iwanowitsch (kehrt ins Zimmer zurück).

Fünfter Auftritt.

Die Vorigen. Nikolai Iwanowitsch.

Nikolai. Ich wäre fast in mein Zimmer gegangen, ohne euch mitzuteilen, was ich empfinde. Und das halte ich nicht für gut. (Zu Tonja.) Wenn Sie, als Gast, durch meine Worte verletzt werden, so verzeihen Sie mir – aber ich kann nicht anders. Du, Ljuba, sagst, die Fürstin spiele wunderschön. Ihr sitzt hier mit sieben, acht gesunden jungen Leuten, habt bis zehn Uhr geschlafen, gegessen, getrunken, eßt noch jetzt, macht Musik und unterhaltet euch darüber. Dort aber, wo ich jetzt herkomme, sind die Menschen um drei Uhr aufgestanden – einige haben draußen beim Vieh die ganze Nacht nicht geschlafen – und nun sind alte, kranke, schwache Leute, Kinder, Frauen mit Säuglingen und schwangere Frauen ununterbrochen bei der schwersten, ihre Kräfte übersteigenden Arbeit, damit wir hier die Früchte ihres Schaffens verzehren. Ja, noch mehr: soeben wird einer von ihnen, der beste, einzige Arbeiter der Familie, ins Gefängnis geschleppt, weil er im Frühjahr in »meinem« Walde – das heißt angeblich meinem – eine der dort wachsenden hunderttausend Tannen gefällt hat. Wir aber sitzen hier sauber gewaschen und gekleidet, indem wir den Dienstboten das Reinigen des Nachtgeschirrs im Schlafzimmer überlassen, essen, trinken und unterhalten uns geistreich darüber, ob Schumann oder Chopin uns mehr ergreift und besser unsere Langeweile vertreibt. Diese Gedanken kamen mir, als ich an euch vorüberging, und deswegen habe ich sie euch gesagt. Denkt einmal nach, ob man solches Leben führen kann! (Er bleibt in heftiger Erregung stehen.)

Lisa. Das ist wahr, wirklich wahr.

Ljuba. Wenn man sich solche Gedanken macht, kann man nicht leben.

Stefan. Weshalb? Ich sehe nicht ein, warum man nicht über Schumann sprechen soll, wenn das Volk arm ist. Eins schließt das andere nicht aus. Wenn die Leute …

Nikolai (zornig). Wenn man kein Herz hat, wenn man sich so hölzern …

Stefan. Schon gut, ich schweige schon.

Tonja. Eine schreckliche Frage, die Frage unserer Zeit. Man darf sich aber nicht vor ihr fürchten, muß der Wirklichkeit mutig ins Auge sehen, um die Frage zu lösen.

Nikolai. Auf Maßregeln der Gemeinde darf man nicht warten. Jeder von uns kann heute, morgen sterben. Wie soll man mit solchem Zwiespalt im Innern weiterleben?

Boris. Es gibt nur *ein* Mittel: an solchem Leben nicht teilnehmen.

Nikolai. Also verzeiht, wenn ich euch wehgetan. Aber ich mußte meine Empfindungen einmal aussprechen. (Er geht ab.)

Sechster Auftritt.

Die Vorigen ohne Nikolai Iwanowitsch.

Stefan. Was heißt das: nicht teilnehmen? Unser ganzes Dasein ist ja aufs engste damit verknüpft.

Boris. Eben deswegen sagt er ja: man darf vor allen Dingen kein Eigentum haben, muß sein ganzes Leben ändern; es nicht so einrichten, daß andere uns dienen, sondern daß wir anderen dienen.

Tonja. Du bist ja schon ganz auf seiner Seite!

Boris. Ja, ich habe ihn zum erstenmal richtig verstanden. Und dann das, was ich im Dorfe sah. Man braucht nur die Brille abzunehmen, durch die wir das Leben des Volkes betrachten, und den Zusammenhang zwischen ihren Leiden und unsern Freuden wahrzunehmen, so wird alles entschieden.

Mitrofan. Gewiß, aber das Mittel dazu besteht nicht darin, sein Leben zu ruinieren.

Stefan. Wunderbar, Mitrofan Jermilytsch und ich nehmen einen ganz verschiedenen Standpunkt ein und treffen in diesem Punkt doch zusammen: sein Leben darf man nicht ruinieren, das sind meine Worte.

Boris. Sehr begreiflich. Ihr beide wollt ein angenehmes Leben führen und trachtet daher nach Zuständen, die euch diese Annehmlichkeiten garantieren. Sie (zu Stefan) möchten die jetzige Ordnung der Dinge beibehalten, während Mitrofan Jermilytsch eine neue herbeizuführen wünscht.

Ljuba (flüstert Tonja etwas zu).

Tonja (geht zum Flügel und spielt ein Notturno von Chopin).

Alle (verstummen).

Stefan. Das ist schön. Das löst alle Fragen.

Boris. Verdunkelt alles und schiebt die Entscheidung hinaus.

Maria Iwanowna und die **Fürstin** (sind während des Spiels leise eingetreten, haben Platz genommen und hören zu).

(Vor dem Ende des Notturnos ertönt Schellenläuten.)

Siebenter Auftritt.

Die Vorigen. Maria Iwanowna und die **Fürstin**.

Ljuba. Da kommt Tante zurück. (Sie geht ihr entgegen.)

Tonja (spielt weiter).

Alexandra Iwanowna, **Pater Gerassim**, ein Priester mit dem Brustkreuz, und der **Notar** (treten ein).

Alle (erheben sich).

Achter Auftritt.

Die Vorigen. Alexandra Iwanowna, Pater Gerassim und der **Notar**.

Pater Gerassim. Bitte, lassen Sie sich nicht stören. Ich höre gern zu.

Die Fürstin und der **Priester** (bitten um seinen Segen).

Alexandra. Was ich mir vorgenommen, habe ich auch ausgeführt. Pater Gerassim wollte gerade nach Kursk, aber ich habe ihn beredet, mitzukommen. Und der Notar ist auch da. Alle Papiere sind fertig, es fehlt nur die Unterschrift.

Maria. Wollen die Herrschaften nicht etwas frühstücken?

Der Notar (legt die Papiere auf den Tisch und geht ab).

Neunter Auftritt.

Die Vorigen ohne Notar.

Maria. Ich bin Pater Gerassim sehr dankbar …

Pater Gerassim. O bitte. Der Besuch liegt zwar nicht auf meinem Reisewege, trotzdem hielt ich es für meine Christenpflicht, zu kommen.

(Alexandra Iwanowna flüstert der Jugend etwas zu. Die jungen Leute besprechen sich miteinander und gehen dann, außer Boris, sämtlich auf die Veranda. Der Priester will ebenfalls gehen.)

Zehnter Auftritt.

Maria Iwanowna. Alexandra Iwanowna. Die Fürstin. Pater Gerassim. Der Priester. Boris.

Pater Gerassim. Was ist denn? Bleiben Sie doch! Als Seelenhirt und Beichtvater können Sie hier sich und andern nützen. Also bleiben Sie nur, wenn Maria Iwanowna nichts dagegen hat.

Maria. Durchaus nicht; ich habe Pater Wassili gern und rechne ihn zur Familie. Habe mich auch oft mit ihm beraten – leider besitzt er, infolge seiner Jugend, zu wenig Autorität.

Pater Gerassim. Gewiß, natürlich.

Alexandra (näher tretend). Sie sehen also, Pater Gerassim, wie die Dinge hier liegen. Sie allein können helfen und ihn zur Vernunft bringen. Er ist sonst so klug und gelehrt; aber Sie wissen, daß Gelehrsamkeit oft nur Schaden anrichtet. Ganz allmählich hat sich bei ihm eine Art geistiger Trübung entwickelt. Er behauptet, dem Christentum zufolge dürfe man kein Eigentum besitzen. Kann das sein?

Pater Gerassim. Willkür, Überhebung, Lug und Trug! Die Kirchenväter haben die Frage längst entschieden. Aber wie hat es nur so weit kommen können?

Maria. Wenn ich Ihnen alles erzählen soll, so war er zunächst, als wir heirateten, völlig gleichgültig gegen jede Religion. So lebten wir in bestem Einvernehmen die ersten zwanzig Jahre. Dann begann er zu grübeln. Vielleicht beeinflußte seine Schwester ihn, oder die Lektüre – jedenfalls grübelte er viel, las das Evangelium und wurde dann plötzlich sehr religiös, ging in die Kirche und suchte Mönche auf. Dann warf er das alles plötzlich beiseite, änderte seine ganze Lebensweise, verrichtete alle Arbeit, ließ sich nicht mehr bedienen und beginnt jetzt sogar sein Hab und Gut zu verteilen. Gestern hat er ein großes Stück Wald verschenkt. Ich habe Angst wegen der sieben Kinder. Sprechen Sie mit ihm. Ich werde ihn fragen, ob er Sie sehen will. (Sie geht ab.)

Elfter Auftritt.

Die Vorigen ohne Maria Iwanowna.

Pater Gerassim. Groß ist heutzutage die Zahl der Abtrünnigen! Gehört die Besitzung ihm oder der Frau?

Fürstin. Ihm. Das ist ja das Leiden.

Pater Gerassim. Und welchen Rang bekleidet er?

Fürstin. Keinen sehr hohen. Rittmeister, glaube ich. Er war Militär.

Pater Gerassim. So fallen viele von der Kirche ab. In Odessa verschrieb sich eine Dame dem Spiritismus und richtete viel Unheil an. Trotzdem hat Gott der Herr sie in den Schoß der heiligen Kirche zurückgeführt.

Fürstin. Sie werden verstehen, um was es sich handelt. Mein Sohn heiratet die eine Tochter. Ich habe meine Einwilligung gegeben. Aber das Mädchen ist an Luxus gewöhnt und muß versorgt werden. Meinem Sohn kann ich diese Last nicht zumuten, obgleich er sehr arbeitsam ist und viel verspricht.

Maria Iwanowna und **Nikolai Iwanowitsch** (treten ein).

Zwölfter Auftritt.

Die Vorigen. Maria Iwanowna und **Nikolai Iwanowitsch**. Später **Stefan**, **Ljuba**, **Lisa**, **Tonja** und **Diener**.

Nikolai. Guten Tag, Fürstin. Guten Tag … Entschuldigen Sie, wie ist Ihr Name?

Pater Gerassim. Meinen Segen wünschen Sie nicht?

Nikolai. Nein.

Pater Gerassim. Gerassim Fedorowitsch. Sehr angenehm.

Ein Diener (bringt Frühstück und Wein).

Pater Gerassim. Angenehme Witterung. Für die Ernte sehr günstig.

Nikolai. Ich nehme an, Sie sind auf Veranlassung meiner Schwägerin in der Absicht gekommen, mich von meinen Verirrungen zu befreien und mich wieder auf den wahren Weg des Heils zurückzuführen. Wenn das der Fall ist, wollen wir nicht wie die Katze um den heißen Brei herumgehen, sondern uns sofort ans Werk machen. Ich leugne nicht, daß ich mit der Kirchenlehre nicht übereinstimme. Es war einmal der Fall: später wurde ich anderer Meinung. Doch wünsche ich von ganzer Seele die Wahrheit kennen zu lernen und nehme sie sofort an, wenn Sie sie mir zeigen.

Pater Gerassim. Wie können Sie sagen, daß Sie der Kirchenlehre nicht glauben? Woran glauben Sie, wenn nicht an die Kirche?

Nikolai. Ich glaube an Gott und sein Gebot, das uns im Evangelium gegeben ist.

Pater Gerassim. Das lehrt auch die Kirche.

Nikolai. Wenn sie es täte, würde ich ihr glauben; sie lehrt aber gerade das Gegenteil.

Pater Gerassim. Sie kann nicht das Gegenteil lehren, weil sie von dem Herrn selbst bestätigt ist. Es heißt: »Euch ist die Macht gegeben … und auf diesen Felsen will ich meine Gemeine bauen, und die Pforten der Hölle sollen sie nicht überwältigen.«

Nikolai. Das hat damit nicht das geringste zu tun. Aber selbst zugegeben, daß Christus eine Kirche gegründet hat – woher weiß ich denn, daß diese Kirche gerade Ihre ist?

Pater Gerassim. Weil es heißt: »Wo zwei oder drei versammelt sind in meinem Namen, da bin ich mitten unter ihnen.«

Nikolai. Auch das hat hierauf gar keine Beziehung und beweist nicht das geringste.

Pater Gerassim. Wie kann man nur so die Kirche verwerfen, die doch allein alle Gnadenmittel besitzt.

Nikolai. Ich habe sie erst verworfen, als ich mich überzeugt hatte, daß sie alle möglichen Einrichtungen unterstützt, die dem Christentum direkt zuwiderlaufen.

Pater Gerassim. Die Kirche kann nicht irren, weil in ihr allein die Wahrheit ist. Im Irrtum wandeln die Abtrünnigen; die Kirche aber ist heilig.

Nikolai. Ich habe Ihnen schon gesagt, daß ich das nicht anerkenne. Ich erkenne es deswegen nicht an, weil ich – wie es im Evangelium heißt: »an ihren Früchten sollt ihr sie erkennen,« weil ich erkannt habe, daß die Kirche den Eid, Morde und Hinrichtungen segnet.

Pater Gerassim. Die Kirche erkennt die von Gott selbst eingesetzte Obrigkeit an und segnet sie.

Stefan, **Ljuba**, **Lisa** und **Tonja** (treten im Verlauf des Disputs nach und nach ein, setzen sich oder bleiben stehen und hören zu).

Nikolai. Ich weiß, daß es im Evangelium heißt, nicht nur: du sollst nicht töten, sondern: du sollst nicht zürnen. Die Kirche aber erteilt ganzen Armeen den Segen. Im Evangelium heißt es: du sollst nicht schwören; die Kirche läßt den Eid zu. Im Evangelium heißt es ...

Pater Gerassim. Erlauben Sie, als Pilatus sagte: »Ich beschwöre dich beim lebendigen Gotte ...« erkannte Christus den Eid an, indem er antwortete: »Ich bin es.«

Nikolai. Ach, was reden Sie da! Das ist doch einfach lächerlich.

Pater Gerassim. Deswegen erlaubt die Kirche nicht jedem einzelnen, das Evangelium auszulegen, damit er nicht in Irrtum verfällt, sondern sie sorgt für ihn, wie eine Mutter für ihr Kind, und gibt jedem die Auslegung, die für ihn paßt. Nein, lassen Sie mich zu Ende reden. Die Kirche bürdet ihren Anhängern keine unerträglichen Lasten auf, sondern verlangt nur die Erfüllung der Gebote: Liebe deinen Nächsten, du sollst nicht töten, nicht stehlen, nicht ehebrechen.

Nikolai. Jawohl: du sollst mich nicht töten, mir nicht stehlen, was ich selbst gestohlen habe. Wir alle haben das Volk bestohlen, haben ihm den

Grund und Boden genommen und erlassen hinterher Gebote: Du sollst nicht stehlen. Die Kirche aber gibt allem ihren Segen.

Pater Gerassim. Arglist, Hochmut spricht aus Ihnen. Ihren Stolz müssen Sie bezwingen.

Nikolai. Durchaus nicht. Ich frage Sie, wie ich nach christlichem Gebote handeln muß. Ich habe meine Sünde erkannt, die darin liegt, daß ich das Volk des Grundes und Bodens beraube und dadurch in Knechtschaft halte. Was soll ich jetzt tun? Noch weiter Land besitzen und die Dienstleistungen hungriger Menschen für solche Dinge benutzen? (Er deutet auf den Diener, der das Frühstück und den Wein hereingebracht hat.) Oder soll ich das Land denen zurückgeben, denen meine Vorfahren es geraubt haben?

Pater Gerassim. Sie müssen handeln, wie es einem Sohn der Kirche geziemt. Sie haben eine Familie und Kinder, für die Sie sorgen, die Sie standesgemäß erziehen lassen müssen.

Nikolai. Warum?

Pater Gerassim. Weil Gott Sie in diese Lage versetzt hat. Wenn Sie Wohltätigkeit üben wollen, tun Sie es, indem Sie einen Teil Ihrer Habe den Armen geben und sie durch Zuspruch trösten.

Nikolai. Dem reichen Jüngling wurde doch aber gesagt, ein Reicher könne nicht ins Himmelreich kommen.

Pater Gerassim. Mit dem Zusatz: Wenn du vollkommen sein willst.

Nikolai. Ich möchte eben vollkommen sein. Es heißt im Evangelium: Seid vollkommen, wie auch euer Vater im Himmel vollkommen ist.

Pater Gerassim. Man muß aber auch wissen, worauf sich solche Worte beziehen.

Nikolai. Ich bemühe mich darum. Alles, was in der Bergpredigt steht, ist durchaus einfach und verständlich.

Pater Gerassim. Das sagt Ihr Hochmut.

Nikolai. Wieso Hochmut? Heißt es doch: Was den Weisen verborgen ist, wird den Unmündigen offenbar.

Pater Gerassim. Den Sanftmütigen, von Herzen Demütigen, aber nicht den Hochmütigen.

Nikolai. Wer ist denn hier hochmütig? Ich, der ich mich für genau solchen Menschen halte wie alle anderen, und der deswegen genau wie alle anderen von seiner Hände Arbeit in ebensolcher Not wie die Brüder leben will – oder diejenigen, die sich als besondere Wesen, als Heilige betrachten, die im alleinigen Besitz der Wahrheit sich nicht irren können und die Worte Christi nach ihrer Art auslegen?

Pater Gerassim (gekränkt). Verzeihen Sie, Nikolai Iwanowitsch, ich hin nicht hergekommen, um mit Ihnen darüber zu streiten, wer von uns beiden recht hat, und auch nicht, um Belehrungen entgegenzunehmen, sondern ich bin auf Bitten Alexandra Iwanownas gekommen, um mit Ihnen über verschiedene Dinge Rücksprache zu nehmen. Sie wissen aber alles besser, deswegen schließe ich lieber die Unterredung. Nur möchte ich Sie zu guter Letzt im Namen Gottes noch einmal bitten: kommen Sie zur Besinnung; Sie sind in schrecklichem Irrtum befangen und richten sich zugrunde. (Er erhebt sich.)

Maria. Wollen Sie nicht etwas frühstücken?

Pater Gerassim. Nein, danke. (Er geht mit Alexandra Iwanowna ab.)

Dreizehnter Auftritt.

Die Vorigen ohne Alexandra Iwanowna und Pater Gerassim.

Maria (zum Priester). Nun, was wird jetzt?

Priester. Wieso? meiner Meinung nach hat Nikolai Iwanowitsch ganz recht; Pater Gerassim hat ihn nicht widerlegt.

Fürstin. Er ist gar nicht zu Worte gekommen; besonders scheint es ihm mißfallen zu haben, daß hier eine Art Turnier veranstaltet wurde. Alle hörten zu. Da hat er sich aus Bescheidenheit entfernt.

Boris. Denkt nicht daran. Alles, was er sagte, war falsch. So offenkundig falsch, daß er nicht weiter wußte.

Fürstin. Ich sehe, daß du bei deinem wetterwendischen Sinn dich schon ganz auf Nikolai Iwanowitschs Seite schlägst. Wenn du aber so denkst, darfst du eben nicht heiraten.

Boris. Ich sage nur: was wahr ist, muß wahr bleiben. In diesem Falle kann ich nicht schweigen.

Fürstin. Du hättest am allermeisten Grund zu schweigen.

Boris. Warum?

Fürstin. Weil du arm bist und nichts zu verteilen hast. Übrigens geht uns das alles nichts an. (Sie geht ab.)

Alle übrigen (folgen ihr außer Nikolai Iwanowitsch und Maria Iwanowna).

Vierzehnter Auftritt.

Nikolai Iwanowitsch und **Maria Iwanowna**.

Nikolai (sitzt nachdenklich da; lächelt dann über seine Gedanken). Mascha! Wozu das? Warum hast du diesen kläglichen, im Irrtum befangenen Menschen kommen lassen? Warum mischen sich diese laute Frau und dieser Priester in unser intimstes Leben? Können wir unsere Angelegenheiten nicht selbst ordnen?

Maria. Was soll ich tun, wenn du unsere Kinder ohne alle Mittel lassen willst. Das kann ich nicht ruhig mit ansehen. Du weißt, daß ich nicht selbstsüchtig bin und für mich nichts brauche.

Nikolai. Das weiß ich und glaube ich. Das Unglück ist, daß du nicht glaubst, weder an die Wahrheit – ich weiß, daß du sie siehst, du kannst dich aber nicht entschließen, an sie zu glauben. Weder an die Wahrheit glaubst du, noch an mich. Du glaubst dem Haufen – der Fürstin und den anderen.

Maria. Ich glaube dir, habe dir stets geglaubt; wenn du aber die Kinder zu Bettlern machen willst ...

Nikolai. Das zeigt ja eben, daß du keinen Glauben hast. Meinst du, ich hätte nicht gekämpft, nicht Angst ausgestanden? Dann habe ich mich aber überzeugt, daß man so nicht nur handeln kann, sondern muß; daß es so allein für die Kinder das Notwendige, Gute ist. Du sagst immer, wenn die Kinder nicht wären, könnten wir leben wie wir wollten; dann würden wir nur uns zugrunde richten. Wir richten sie aber zugrunde.

Maria. Was soll ich tun, da ich das nicht verstehe.

Nikolai. Und was soll *ich* tun? Ich weiß ja, weshalb ihr diesen kläglichen Menschen im Priesterkleid mit dem Kreuz auf der Brust verschrieben, und weshalb Aline den Notar mitgebracht hat. Ich soll die Besitzung auf deinen Namen schreiben lassen. Das kann ich nicht. Zwanzig Jahre lang habe ich dich geliebt. Ich liebe dich noch und will dein Bestes und kann deswegen das Gut nicht verschreiben. Wenn ich es tue, sollen die es haben, denen es fortgenommen ist – die Bauern. Ich kann nicht anders, ich muß es ihnen geben. Und ich freue mich, daß der Notar zugegen ist, und will das gleich jetzt tun.

Maria. Nein, das ist fürchterlich! Wie kann man nur so grausam sein. Du hältst es für sündhaft, das Gut zu behalten; so gib es doch mir. (Sie weint.)

Nikolai. Du weißt nicht, was du sprichst. Wenn ich es dir gebe, kann ich nicht weiter mit dir leben, dann muß ich fort. Ich kann unter diesen Bedingungen nicht weiterleben; kann es nicht mit ansehen, daß, nicht mehr in meinem, sondern in deinem Namen, den Bauern das Mark aus den Knochen gepreßt wird und man sie ins Gefängnis wirft. Also wähle.

Maria. Wie bist du grausam! Was ist denn das für ein Christentum? Das ist ja Bosheit. Ich kann doch nicht so leben, wie du willst. Kann meinen Kindern nicht alles nehmen, um es dem ersten besten zu geben. Und deshalb willst du mich verstoßen? Gut, tue es. Ich sehe, daß du mich nicht mehr liebst, und weiß auch, weshalb.

Nikolai. Also gut, ich unterschreibe. Aber du verlangst von mir etwas Unmögliches, Mascha. (Er geht zum Tisch und unterschreibt.) Du hast es gewollt. Ich kann so nicht leben.

Dritter Aufzug.

In Moskau. Großes Zimmer.

Darin eine Hobelbank, Tisch mit Papieren, Bücherschrank, Spiegel und ein durch Bretter verstelltes Bild.

Erster Auftritt.

Nikolai Iwanowitsch und ein **Tischler**.

Nikolai Iwanowitsch arbeitet mit vorgebundener Schürze an der Hobelbank. Der Tischler hobelt.

Nikolai (nimmt ein Brett aus der Hobelbank). Ist es so gut?

Tischler (stellt seinen Schlichthobel). Nicht besonders. Sie müssen stärker drücken; sehen Sie, so!

Nikolai. Sie haben gut reden. Es wird doch nichts.

Tischler. Wozu geben Ew. Gnaden sich auch mit der Tischlerei ab? Gibt heutzutage so viele Tischler, daß man nicht mehr sein Auskommen findet.

Nikolai (wieder bei der Arbeit). Man schämt sich, zu faulenzen.

Tischler. Sie haben es doch nicht nötig. Ihnen hat ja Gott Vermögen gegeben.

Nikolai. Ich bin eben der Meinung, Gott hat den Menschen nichts gegeben, sondern sie haben es sich genommen, ihren Brüdern abgenommen.

Tischler (verwundert). Das ist schon richtig. Aber für Sie hat es doch keinen Zweck.

Nikolai. Ich verstehe, daß Ihnen das wunderbar vorkommt. In diesem Hause, wo so viel Überfluß herrscht will jemand arbeiten.

Tischler (lachend). Nein, das nicht gerade. Die Herrschaften sind mal so; die machen alles. Jetzt fahren Sie mal mit dem Schrupphobel darüber hin.

Nikolai. Sie werden es nicht glauben, werden wieder lachen – und doch sage ich Ihnen, daß ich früher ebenso gelebt und mich nicht geschämt habe. Jetzt glaube ich aber an Christi Lehre, daß wir alle Brüder sind, und geniere mich, so zu leben.

Tischler. Wenn es Sie geniert, verschenken Sie doch Ihr Vermögen.

Nikolai. Das wollte ich; es ist mir aber nicht geglückt. Ich hab' es meiner Frau übergeben.

Tischler. Sie können ja auch nicht; haben sich daran gewöhnt.

Ljuba (hinter der Tür). Papa, darf ich herein?

Nikolai. Gewiß, gewiß, du darfst immer.

Zweiter Auftritt.

Die Vorigen und **Ljuba**.

Ljuba (eintretend). Guten Tag, Jakob.

Tischler. Wünsche guten Tag, gnädiges Fräulein.

Ljuba. Boris ist zum Regiment abgereist. Ich fürchte, er richtet da etwas an oder sagt etwas Ungehöriges. Was glaubst du?

Nikolai. Was kann ich glauben? Er wird tun, was sein Inneres ihm befiehlt.

Ljuba. Aber das ist schrecklich. Er hat nur noch so kurze Zeit zu dienen und richtet sich nun plötzlich zugrunde.

Nikolai. Nur gut, daß er nicht zu mir gekommen ist; er weiß, daß ich ihm nichts anderes sagen kann, als was ihm bereits bekannt ist. Hat mir selbst gesagt, daß er deswegen seinen Abschied nähme, weil er einsieht, daß es keine gesetzwidrigere, tierisch grausamere Tätigkeit gibt als diese einzig auf Mord gerichtete, und daß nichts erniedrigender und gemeiner ist, als sich dem ersten besten rangälteren Beamten bedingungslos zu unterwerfen – er weiß das auch alles.

Ljuba. Das fürchte ich ja gerade, daß er es weiß und nun danach handeln will.

Nikolai. Darüber entscheidet sein Gewissen, der Gott, der in ihm ist. Wenn er zu mir käme, würde ich ihm den einen Rat geben: nie aus Berechnung handeln, sondern nur, wenn sein ganzes Wesen es fordert. Es gibt nichts Schlimmeres. So wollte ich dem Gebot Christi gemäß Weib und Kinder verlassen und Ihm nachfolgen und war schon im Begriff, das auszuführen. Aber was war das Ende? Das Ende war, daß ich zurückkehrte und mit euch in der Stadt von Luxus umgeben lebe. Weil ich etwas tun wollte, was über meine Kräfte ging, geriet ich in diese erniedrigende Lage ohne Sinn und Verstand. Ich will einfach leben und arbeiten; dabei in dieser Umgebung mit Türhütern und Bedienten – da muß ja eine Komödie herauskommen. Eben diesen Augenblick sehe ich, wie Jakob Nikanorowitsch mich auslacht …

Tischler. Wie werde ich! Sie bezahlen mich, geben mir schönen Tee. Dafür danke ich Ihnen.

Ljuba. Ich denke, ob ich nicht zu ihm fahren soll.

Nikolai. Mein Liebling, Täubchen, ich weiß, daß dir das alles schwer, ja schrecklich vorkommt, obwohl es anders sein müßte. Ich bin jetzt so weit, daß ich das Leben verstehe. Und ich sage dir: es kann nichts Schlimmes geben. Alles was uns schlimm erscheint, ist für das Herz eine Freude und Stärkung. Du mußt aber begreifen, daß jemand, der diesen Weg geht, zunächst vor eine Wahl gestellt ist. Und es gibt Lagen, wo das Göttliche und Teuflische sich das Gleichgewicht halten, wo die Wage schwankt. Gerade dann geht Gottes Werk im Menschen vor sich und gerade dann ist jede Einmischung äußerst gefährlich und verhängnisvoll. Wie soll ich sagen, es ist, als ob jemand schreckliche Anstrengungen macht, um eine Last zu schleppen – dabei kann eine Berührung mit den Fingerspitzen ihm das Kreuz brechen.

Ljuba. Wozu muß man denn aber leiden?

Nikolai. Das ist gerade, wie wenn eine Mutter sagt: Wozu die Wehen? Es gibt keine Geburt ohne Wehen. Dasselbe ist im geistigen Leben der Fall. Eins will ich dir sagen: Boris ist ein wahrer Christ und deswegen im Innern frei. Und wenn du noch nicht so sein kannst wie er, nicht wie er von selbst an Gott glauben kannst, so glaub durch ihn an den Höchsten, an Gott.

Maria (hinter der Tür). Darf ich herein?

Nikolai. Immer herein. Das ist ja heute der reine Empfangstag.

Dritter Auftritt.

Die Vorigen und **Maria Iwanowna**.

Maria. Unser Priester, Wassili Nikanorowitsch, ist da. Er fährt zum Bischof, hat sein Amt niedergelegt.

Nikolai. Nicht möglich!

Maria. Hier ist er. Ljuba, ruf ihn. Er will dich sprechen.

Ljuba (geht).

Vierter Auftritt.

Die Vorigen ohne Ljuba.

Maria. Ich möchte auch noch über Wanja mit dir sprechen. Er ist schrecklich ungezogen und lernt so schlecht, daß er sicher nicht versetzt wird. Wenn ich es ihm sage, wird er frech.

Nikolai. Mascha, du weißt doch, daß ich mit seiner ganzen Lebensweise und mit der Erziehung nicht einverstanden bin. Immer wieder quält mich die Frage: Darf ich ruhig zusehen, wie vor meinen Augen Wesen zugrunde gehen …?

Maria. Dann muß man eben andere bestimmte Maßregeln treffen. Was schlägst du vor?

Nikolai. Ich kann nicht sagen, was. Ich will nur eins sagen: erstens, man muß sich von diesem verderblichen Luxus befreien.

Maria. Damit die Kinder verbauern? Dazu kann ich meine Einwilligung nicht geben.

Nikolai. Nun, dann frag mich nicht. Dann ist dir eben nicht zu helfen.

Der Priester und **Ljuba** (kommen).

Fünfter Auftritt.

Die Vorigen. Der **Priester** und **Ljuba**.

Der Priester und **Nikolai** (küssen sich).

Nikolai. Haben Sie wirklich ein Ende gemacht?

Priester. Ich konnte nicht länger.

Nikolai. So schnell hatte ich das nicht erwartet.

Priester. Es ging nicht anders. In unserem Beruf kann man nicht indifferent sein. Man soll die Beichte abnehmen, das Abendmahl reichen – und wenn man erkannt hat, daß das alles nicht die Wahrheit ist …

Nikolai. Und was wird jetzt?

Priester. Jetzt fahre ich zum Bischof, zum Examen. Ich fürchte, man schickt mich ins Kloster Solowezk. Anfangs dachte ich daran, ins Ausland zu fliehen. Wollte Sie um Ihre Unterstützung bitten. Dann kam ich zur Besinnung: es wäre Kleinmut. Das einzige ist: meine Frau.

Nikolai. Wo ist sie?

Priester. Zu ihrem Vater gereist. Ihre Mutter war bei uns und hat das Söhnchen mitgenommen. Das tat weh. Ich hätte ihn gern … (Er stockt, drängt die Tränen zurück.)

Nikolai. Helf Gott Ihnen. Werden Sie bei uns bleiben?

Die Fürstin (kommt ins Zimmer gelaufen).

Sechster Auftritt.

Die Vorigen und die **Fürstin**.

Fürstin. Das war zu erwarten. Er hat den Gehorsam verweigert und sitzt im Arrest. Ich war dort, man hat mich nicht zu ihm gelassen. Nikolai Iwanowitsch, fahren Sie hin.

Ljuba. Wieso den Gehorsam verweigert? Woher wissen Sie das?

Fürstin. Ich war selbst dort. Wassili Andrejewitsch hat mir alles erzählt, ein Mitglied der Untersuchungskommission. Er kam einfach herein und erklärte, er würde nicht dienen, den Fahneneid nicht leisten – kurz alles, was Nikolai Iwanowitsch ihm beigebracht hat.

Nikolai. Fürstin! Wie kann man das jemandem beibringen?

Fürstin. Das weiß ich nicht. Jedenfalls ist das kein Christentum. Wie wäre das möglich? Sagen Sie doch ein Wort, Batjuschka.

Priester. Ich bin kein Batjuschka mehr.

Fürstin. Ganz egal. Sie sind ja ebenso. Freilich, Sie haben es gut. Aber ich lasse die Dinge nicht so gehen. Und was ist das für ein schändliches Christentum, durch das die Menschen leiden und zugrunde gehen. Ich hasse dieses euer Christentum. Ihr habt es gut, da ihr wißt, daß es euch nicht an den Kragen geht. Ich habe aber nur diesen einen Sohn, und ihr habt ihn ins Verderben gestürzt.

Nikolai. So beruhigen Sie sich doch, Fürstin.

Fürstin. Sie, Sie haben das fertig gebracht. Sie haben ihn unglücklich gemacht, Sie müssen ihn auch retten. Fahren Sie hin, reden Sie ihm zu, daß er diese Dummheiten unterläßt. Reiche Leute können sich das leisten, nicht aber wir.

Ljuba (weint). Papa, was soll nun werden?

Nikolai. Ich fahre hin. Vielleicht kann ich helfen. (Er nimmt die Schürze ab.)

Fürstin (hilft ihm beim Ankleiden). Mich hat man nicht zu ihm gelassen; wir fahren zusammen, dann erreiche ich mein Ziel. (Sie geht ab.)

Verwandlung.

Militärkanzlei.

Ein Schreiber sitzt am Tisch; vor der Tür gegenüber geht ein Posten auf und ab. Ein General mit seinem Adjutanten tritt ein. Der Schreiber springt auf, der Posten präsentiert.

Erster Auftritt.

General. Adjutant. Schreiber.

General. Wo ist der Herr Oberst?

Schreiber. Bei dem Rekruten, Ew. Exzellenz.

General. Schön. Ich lasse ihn hierher bitten.

Schreiber. Zu Befehl, Ew. Exzellenz.

General. Was schreiben Sie da ab? Wohl die Aussagen des Rekruten?

Schreiber. Zu Befehl, jawohl, Ew. Exzellenz.

General. Geben Sie doch mal her.

Schreiber (übergibt das Schriftstück und geht ab).

Zweiter Auftritt.

Die Vorigen ohne Schreiber.

General (gibt das Schriftstück dem Adjutanten). Lesen Sie bitte vor.

Adjutant (liest). »Auf die mir vorgelegten Fragen: 1) Warum ich den Fahneneid nicht leiste, 2) warum ich mich weigere, die Befehle der Vorgesetzten zu erfüllen, und 3) was mich dazu veranlaßt hat, nicht nur gegen das Militär, sondern auch gegen die höchste Macht im Staate kränkende Äußerungen zu tun – erwidere ich zu 1) ich leiste den Eid deswegen nicht, weil ich mich zum Christentum bekenne. Das Christentum aber verbietet klar und deutlich den Eid, sowohl im Evangelium Matthäi V, 33–37 wie auch in der Epistel des Jakobus V, 12.«

General. Schwadroneur. Der legt die Bibel auf seine Weise aus.

Adjutant (fortfahrend). »Im Evangelium heißt es: ›Ihr sollt überhaupt nicht schwören. Eure Rede sei: Ja, ja, oder nein, nein; was darüber hinausgeht, ist vom Bösen.‹ In der Epistel des Jakobus: ›Vor allem, meine Brüder, schwört nicht; weder beim Himmel, noch bei der Erde, noch sonst einen Schwur. Euer Ja sei Ja, euer Nein – Nein, damit ihr nicht unter das Gericht fallt.‹ Aber ich will von dieser ganz klaren Vorschrift im Evangelium, daß man nicht schwören darf, ganz absehen; selbst wenn diese Vorschrift nicht existierte, könnte ich nicht schwören, die Befehle von Menschen auszuführen, da ich nach christlichem Gebot stets den Willen Gottes tun muß, der dem der Menschen widersprechen kann.«

General. Schwadroneur. Wenn es nach mir ginge, gäbe es das nicht.

Adjutant (liest). »Ich weigere mich aber, die Befehle von Leuten auszuführen, die sich Vorgesetzte nennen, weil ...«

General. Diese Frechheit!

Adjutant. ... »weil diese Befehle verbrecherisch, schlecht sind. Man verlangt von mir, ich soll in die Armee treten, mich zum Morde vorbereiten und ihn erlernen. Das ist im Alten wie im Neuen Testament verboten, und hauptsächlich verbietet es mir mein Gewissen. Auf die dritte Frage ...«

Der Oberst (kommt mit dem Schreiber).

Der General (gibt ihm die Hand).

Dritter Auftritt.

Die Vorigen und der **Oberst** mit dem **Schreiber**.

Oberst. Sie lesen das Protokoll?

General. Ja. Unverzeihliche Frechheiten. Nun, fahren Sie fort.

Adjutant (liest). »Auf die dritte Frage: was mich veranlaßt hat, in der Verhandlung beleidigende Worte zu gebrauchen, erwidere ich, daß mich dazu der Wunsch veranlaßt hat, Gott zu dienen und den Betrug aufzudecken, der in Seinem Namen geschieht. Diesem Wunsch hoffe ich bis zu meinem Tode zu willfahren. Und deshalb ...«

General. Nun, genug davon. Das Geschwätz nimmt ja gar kein Ende. Es handelt sich darum, hier gründlich Remedur zu schaffen, damit die Mannschaften nicht angesteckt werden. (Zum Oberst.) Haben Sie mit ihm gesprochen?

Oberst. Jawohl, die ganze Zeit. Habe mich bemüht, ihm ins Gewissen zu reden, ihn zu überzeugen, daß er damit gar nichts ausrichtet, daß es das schlimmste ist, was er tun kann. Habe seine Familie erwähnt. Das regte ihn sehr auf; trotzdem blieb er bei seinem Standpunkt.

General. Das viele Reden hat gar keinen Zweck. Wir sind Soldaten, nicht um zu reden, sondern um zu handeln. Lassen Sie ihn mal vorführen.

Adjutant und **Schreiber** (gehen ab).

Vierter Auftritt.

General und **Oberst**.

General (setzt sich). Nein, Herr Oberst, das ist nicht das richtige. Mit solchen Burschen muß man anders umspringen. Da heißt es energisch eingreifen, das kranke Glied schleunigst entfernen. Ein räudiges Schaf steckt die ganze Herde an. Zarte Rücksichten sind hier nicht angebracht; daß er Fürst ist, und eine Mutter und Braut hat, geht uns gar nichts an. Für uns ist er Soldat, und wir haben den Willen unseres allerhöchsten Vorgesetzten zu erfüllen.

Oberst. Ich bin der Meinung, daß man ihn durch Zureden leichter schwankend macht.

General. Ganz und gar nicht. Bestimmtheit, nur Bestimmtheit. Habe mit solchen Burschen schon zu tun gehabt. Der Mann muß fühlen, daß er ein Nichts, ein Sandkorn unter einem Wagen ist, der dadurch nicht aufgehalten wird.

Oberst. Ja, man muß die Sache untersuchen.

General (gerät allmählich in Wallung). Ach was, untersuchen. Ich habe nichts zu untersuchen. Ich diene meinem Kaiser seit vierundvierzig Jahren, bin diesem Dienst mit Leib und Seele ergeben, und nun kommt plötzlich so ein Bürschchen und will mich belehren und mir den Bibeltext lesen. Mag er sich mit Pfaffen darüber zanken, für mich ist er Soldat oder Arrestant. Damit basta.

Boris (erscheint, von zwei Soldaten eskortiert).

Adjutant und **Schreiber** (hinter ihm).

Fünfter Auftritt.

Die Vorigen. Boris mit zwei **Eskortesoldaten, Adjutant** und **Schreiber**.

General (mit dem Finger zeigend). Da stellt ihn hin.

Boris. Mich braucht man nicht hinzustellen. Ich stehe oder sitze, wo ich will; Ihre Macht über mich kann ich nicht …

General. Maul halten! Du erkennst keine Macht an? Ich werd' dich schon lehren!

Boris (setzt sich auf einen Stuhl). Wie unvernünftig, so zu schreien.

General. Aufrichten, hinstellen den Mann.

Die Soldaten (ziehen Boris in die Höhe).

Boris. Das können Sie, Sie können mich sogar töten, aber mich nicht zwingen, Ihnen zu gehorchen …

General. Maul halten, hab' ich befohlen. Hör' zu, was ich dir sage.

Boris. Ich will gar nicht hören, was *du*, *du* sagst.

General. Der Mann ist übergeschnappt. Muß ins Lazarett, auf seinen Geisteszustand untersucht werden. Weiter ist da nichts zu machen.

Oberst. Wir haben Befehl, ihn auch von der Gendarmerie vernehmen zu lassen.

General. Na also, schaffen Sie ihn hin. Aber vorher: einkleiden.

Oberst. Er weigert sich.

General. Dann wird er gefesselt. (Zu Boris.) Hören Sie also, was ich Ihnen sage. Mir ist es egal, was aus Ihnen wird. In Ihrem eigenen Interesse aber rate ich Ihnen: kommen Sie zur Vernunft. Sie werden in der Festung ja verfaulen. Und richten nicht das mindeste aus. Also lassen Sie das. Haben sich ereifert und ich ebenfalls. (Klopft ihn auf die Schulter.) Gehen Sie hin, leisten den Eid und unterlassen in Zukunft solche Sachen. (Zum Adjutanten.) Ist der Priester da? (Zu Boris.) Na, wie ist's? (Boris schweigt.) Weshalb antworten Sie nicht? Es ist wirklich besser so. Man kann doch nicht mit dem Kopf durch die Wand rennen! Ihre Gedanken behalten Sie hübsch für sich. Dienen Ihr Jahr ab – wir werden Sie nicht zwiebeln. Na, wie ist's?

Boris. Ich habe nichts weiter zu sagen.

General. Sie erwähnen da in Ihrer Aussage einen Bibelvers. Darüber wissen die Popen besser Bescheid. Sprechen Sie mit Batjuschka und überlegen sich die Sache. Es ist wirklich besser so. Also leben Sie wohl; ich hoffe auf Wiedersehen, wenn Sie des Kaisers Rock tragen. Schicken Sie den Geistlichen her. (Er geht ab.)

Oberst und **Adjutant** (folgen ihm).

Sechster Auftritt.

Boris. Der **Schreiber** und die **Soldaten**.

Boris (zum Schreiber und den Soldaten). Da seht ihr, wie die Leute reden. Sie wissen selbst, daß sie euch betrügen. Gehorcht ihnen nicht! Legt die Waffen nieder! Geht auf und davon! Selbst wenn sie euch ins Strafbataillon stecken und halbtot prügeln – ist immer noch leichter als diesen Betrügern gehorchen.

Schreiber. Wie kann man ohne Militär leben? Nein, das geht nicht.

Boris. Das ist nicht unsere Sache. Wir haben nur daran zu denken, was Gott von uns will. Gott aber will, daß wir …

Soldat. Es heißt doch aber immer: das christliche Heer?

Boris. Das steht nirgends. Das haben die Betrüger sich ausgedacht.

Soldat. Wie ist das möglich? Die Bischöfe müssen das doch wissen.

Gendarmerieoffizier mit **Schreiber** (tritt ein).

Siebenter Auftritt.

Die Vorigen. Gendarmerieoffizier und **Schreiber**.

Gendarmerieoffizier (zum Schreiber). Ist hier der Rekrut Fürst Tscheremschanow?

Schreiber. Zu Befehl. Da ist er.

Gendarmerieoffizier. Bitte sich hierher zu verfügen. Sind Sie Fürst Boris Semjonowitsch Tscheremschanow, der den Fahneneid nicht leisten will?

Boris. Ja.

Gendarmerieoffizier (setzt sich und deutet auf einen Platz gegenüber). Bitte, setzen Sie sich.

Boris. Ich glaube, unsere Unterhaltung ist vollkommen überflüssig.

Gendarmerieoffizier. Das glaube ich nicht. Für Sie wenigstens durchaus nicht, wie Sie sich sofort überzeugen werden. Mir ist mitgeteilt, Sie weigern sich, zu dienen und den Eid zu leisten; es besteht daher Verdacht, daß Sie zur revolutionären Partei gehören. Das habe ich zu untersuchen. Wenn es richtig ist, müssen wir Sie vom Militär fortnehmen und einsperren oder verbannen, je nach dem Grade Ihrer Beteiligung an der Revolution. Anderenfalls überlassen wir Sie der Militärbehörde. Sie sehen, daß ich offen mit Ihnen spreche und hoffe, daß Sie uns ebensolches Vertrauen entgegenbringen.

Boris. Vertrauen kann ich zu Leuten, die das da tragen, (er deutet auf die Uniform) nicht haben. Außerdem ist Ihre Tätigkeit derart, daß ich sie durchaus nicht respektiere, sondern auf das gründlichste verabscheue. Ihre Fragen aber werde ich beantworten. Was wünschen Sie zu wissen?

Gendarmerieoffizier. Gestatten Sie zunächst: Ihr Name, Beruf, Konfession?

Boris. Das wissen Sie alles; darauf antworte ich nicht. Für mich ist nur eins wichtig: ich gehöre nicht zur griechisch-katholischen Kirche, bin kein sogenannter Rechtgläubiger.

Gendarmerieoffizier. Welchen Glauben haben Sie denn?

Boris. Das läßt sich nicht so schnell sagen.

Gendarmerieoffizier. Nun, Sie werden doch irgendeine Antwort geben?

Boris. Also ich bin Christ, nach der Lehre der Bergpredigt.

Gendarmerieoffizier. Schreiben Sie.

Schreiber (tut es).

Gendarmerieoffizier (zu Boris). Sie betrachten sich doch aber als Angehörigen eines bestimmten Staates und Standes?

Boris. Nein. Ich bezeichne mich als Mensch, Diener Gottes.

Gendarmerieoffizier. Warum bezeichnen Sie sich nicht als russischen Staatsangehörigen?

Boris. Weil ich keinen Staat anerkenne.

Gendarmerieoffizier. Was heißt das? Wünschen Sie sein Aufhören?

Boris. Ohne Frage. Darauf arbeite ich ja hin.

Gendarmerieoffizier (zum Schreiber). Schreiben Sie. (Zu Boris.) Mit welchen Mitteln arbeiten Sie darauf hin?

Boris. Indem ich den Betrug, die Lüge aufdecke und die Wahrheit verbreite. Gerade als Sie eintraten, sagte ich zu diesen Soldaten, sie sollten nicht an den Betrug glauben, den man an ihnen verübt.

Gendarmerieoffizier. Außer diesen Mitteln der Überredung gebrauchen Sie doch noch andere?

Boris. Nein. Jede Gewalttat halte ich für die größte Sünde. Nicht nur jede Gewalt, sondern sogar jede Heimlichkeit, jede List …

Gendarmerieoffizier. Schreiben Sie. Es ist gut. Jetzt gestatten Sie, daß ich mich nach Ihrem Umgang erkundige. Kennen Sie Iwaschenkow?

Boris. Nein.

Gendarmerieoffizier. Klein?

Boris. Ich habe von ihm gehört, ihn aber nie gesehen.

Ein bejahrter Geistlicher (mit Kreuz und Bibel tritt ein).

Schreiber (läßt sich von ihm segnen).

Achter Auftritt.

Die Vorigen und der **Geistliche**.

Gendarmerieoffizier. Ich denke, ich kann hier Schluß machen. Ich halte Sie nicht für gefährlich und nicht zu unserem Ressort gehörig. Wünsche Ihnen, daß Sie bald freikommen. Grüße Sie. (Gibt ihm die Hand.)

Boris. Ich möchte Ihnen noch eins sagen. Verzeihen Sie mir, aber ich kann nicht anders. Warum haben Sie diese schlimme, böse Tätigkeit gewählt? Ich möchte Ihnen raten, sie aufzugeben.

Gendarmerieoffizier (lächelnd). Ich danke Ihnen für Ihren Rat. Das hat seine Gründe. Also, ich empfehle mich. Batjuschka, ich trete Ihnen meinen Platz ab. (Er geht mit dem Schreiber ab.)

Neunter Auftritt.

Die Vorigen ohne Gendarmerieoffizier und Schreiber.

Priester. Wie können Sie nur der Obrigkeit solchen Kummer machen? Ihre Christenpflicht nicht erfüllen, dem Zaren und Vaterlande nicht dienen?

Boris (lächelnd). Gerade weil ich meine Christenpflicht erfüllen will, kann ich nicht Soldat sein.

Priester. Warum nicht? Es heißt doch: »Wer sein Leben hingibt für seine Freunde, der ist ein wahrer Christ …«

Boris. Jawohl, sein Leben hingibt, aber nicht fremde vernichtet. Mein Leben hingeben, das will ich ja gerade.

Priester. Sie urteilen nicht richtig, junger Mann. Johannes der Täufer sagte zu den Kriegsknechten: »… Lasset euch genügen an eurem Solde …«

Boris (lächelnd). Das beweist nur, daß schon damals die Soldaten plünderten, was er ihnen verbot.

Priester. Aber warum wollen Sie nicht schwören?

Boris. Sie wissen, daß das im Evangelium verboten ist.

Priester. Ganz und gar nicht. Als Pilatus sagte: »Ich beschwöre dich beim lebendigen Gotte, bist du Christus?« antwortete Herr Jesus Christus: »Du sagst es.« Das heißt, der Eid ist nicht verboten.

Boris. Schämen Sie sich wirklich nicht? Sie alter Mann …

Priester. Legen Sie Ihren Trotz ab, rate ich Ihnen! Wir können die Welt nicht ändern. Leisten Sie den Eid und alles geht gut. Was Sünde ist und was nicht, das zu entscheiden überlassen Sie der Kirche.

Boris. Ihnen? Haben Sie denn keine Angst, so viel Sünde auf sich zu nehmen?

Priester. Welche Sünde? Wer wie ich fest im Glauben erzogen ist und dreißig Jahre lang das Priesteramt versehen hat, der ist nicht voll Sünde.

Boris. Auf wen fällt denn die Sünde, daß ihr so viele Menschen betrügt? Was steckt denn in all den Köpfen? (Er deutet auf den Posten.)

Priester. Das wollen wir lieber nicht untersuchen, junger Mann. Dagegen würde uns Respekt vor dem Alter nicht übel anstehen.

Boris. Lassen Sie mich. Sie tun mir leid und sind mir gleichzeitig widerwärtig. Wenn Sie noch wie jener General wären – so aber kommen Sie mit Kreuz und Bibel und wollen mich im Namen Christi bereden, von Christus abzufallen. Gehen Sie fort. (Erregt.) Gehen Sie, lassen Sie mich! Führt mich fort, daß ich niemand mehr sehe. Ich bin müde, schrecklich müde.

Priester. Also dann leben Sie wohl.

Adjutant (tritt ein).

Zehnter Auftritt.

> **Die Vorigen** und der **Adjutant**. **Boris** sitzt im Hintergrund.

Adjutant. Nun, wie ist's?

Priester. Schrecklicher Trotz und Eigensinn.

Adjutant. Er will also weder den Eid leisten noch dienen?

Priester. Unter keinen Umständen.

Adjutant. Dann muß er ins Lazarett.

Priester. Ach so, Sie wollen ihn für krank erklären? Das ist allerdings bequemer. Solches Beispiel wirkt leicht ansteckend.

Adjutant. Er soll auf seinen Geisteszustand untersucht werden. Das ist so befohlen.

Priester. Gewiß, gewiß. Ich habe die Ehre. (Er geht ab.)

Elfter Auftritt.

Die Vorigen ohne Priester.

Adjutant (auf Boris zutretend). Bitte. Ich habe Befehl, Sie fortzuführen.

Boris. Wohin?

Adjutant. Zunächst ins Hospital, wo Sie mehr Ruhe haben und Zeit zum Nachdenken …

Boris. Ich habe längst alles überlegt. Also fahren wir. (Er geht ab.)

Verwandlung.

Empfangszimmer im Lazarett.

Ober- und Unterarzt, ein kranker Offizier im Kittel, Wärter in Blusen.

Erster Auftritt.

Ein kranker Offizier. Oberarzt. Unterarzt. Wärter.

Kranker. Ich sage Ihnen, Sie machen mich hier krank. Habe mich mehrfach schon ganz gesund gefühlt.

Oberarzt. Regen Sie sich nur nicht auf. Ich bin durchaus einverstanden, Sie zu entlassen; aber Sie wissen selbst, daß die Freiheit für Sie gefährlich ist. Wenn ich wüßte, daß Sie gute Pflege haben …

Kranker. Sie denken, ich würde wieder trinken? Nein, ich hab' meinen Denkzettel weg. Dagegen wirkt jeder Tag, den ich hier noch verbringe, höchst schädlich auf mich. Sie tun das gerade Gegenteil von dem – (erregt) was Sie müßten. Sie sind grausam. Sie haben es freilich gut …

Oberarzt. Beruhigen Sie sich. (Er gibt den Wärtern ein Zeichen.)

Wärter (treten von hinten heran).

Kranker. Sie haben gut von Freiheit reden; was wird aber aus unsereins zwischen all den Verrückten? (Zu den Wärtern.) Was schleichst du da heran, Kerl! Scher dich fort!

Oberarzt. Ich bitte Sie, beruhigen Sie sich.

Kranker. Und ich bitte Sie und fordere Sie auf, mich zu entlassen. (Er kreischt laut auf und stürzt vorwärts.)

Wärter (packen ihn).

(Kampf; der Kranke wird abgeführt.)

Zweiter Auftritt.

Oberarzt. Unterarzt.

Unterarzt. Geht die Sache wieder los? Beinah' hätte er Sie gepackt.

Oberarzt. Säufer und ... nichts zu machen. Kleine Besserung ist allerdings zu konstatieren.

Adjutant (tritt ein).

Dritter Auftritt.

Die Vorigen und der **Adjutant**.

Adjutant. Guten Tag.

Oberarzt. Guten Morgen.

Adjutant. Ich bringe Ihnen einen interessanten Fall. Fürst Tscheremschanow, der seiner Militärpflicht genügen soll, weigert sich auf Grund der Bibel. Zunächst wurde er zur Gendarmerie geschafft; die erklärt sich für inkompetent und findet ihn nicht verdächtig. Dann hat der Pope ihn ins Gebet genommen – ebenfalls umsonst.

Oberarzt (lacht). Und nun kommen Sie, wie stets, zu uns als letzter Instanz. Na, schaffen Sie den Herrn mal her.

Unterarzt (geht hinaus).

Vierter Auftritt.

Die Vorigen ohne Unterarzt.

Adjutant. Soll ein sehr gebildeter junger Mensch sein. Dabei eine reiche Braut. Höchst merkwürdig. Ich glaube wirklich, daß er hier am besten aufgehoben ist.

Oberarzt. Na ja, mania simplex ...

Boris (wird hereingeführt).

Fünfter Auftritt.

Die Vorigen und **Boris**.

Oberarzt. Treten Sie näher. Setzen Sie sich, bitte. Wir wollen uns etwas unterhalten. (Zum Adjutanten.) Lassen Sie uns allein.

Adjutant (geht ab).

Sechster Auftritt.

Die Vorigen ohne Adjutant.

Boris. Wenn es sich einrichten läßt, möchte ich Sie bitten, falls Sie mich einsperren wollen, dieses recht bald zu tun, damit ich zur Ruhe komme.

Oberarzt. Entschuldigen Sie, wir müssen unbedingt die bestehenden Vorschriften befolgen. Nur ein paar Fragen. Was empfinden Sie? Welches Leiden haben Sie?

Boris. Gar keins. Ich bin vollkommen gesund.

Oberarzt. Gewiß; Sie handeln aber nicht so wie alle anderen Menschen.

Boris. Ich handle so, wie mein Gewissen mir befiehlt.

Oberarzt. Sie haben sich geweigert, Ihrer Militärpflicht zu genügen. Wie motivieren Sie das?

Boris. Ich bin Christ und kann deswegen nicht töten.

Oberarzt. Man muß doch aber sein Vaterland gegen äußere Feinde verteidigen, muß den Feind im Innern, den Feind der öffentlichen Ordnung im Zaum halten.

Boris. Das Vaterland greift niemand an; Feinde der öffentlichen Ordnung sind in den Kreisen der Regierenden weit häufiger als unter denen, die von der Regierung vergewaltigt werden.

Oberarzt. Das heißt – wie meinen Sie das?

Boris. Eine der Hauptursachen alles Elends bei uns in Rußland ist der Branntwein. Er wird von der Regierung verkauft. Falsche Religionen, die zu Lug und Trug verleiten, werden von der Regierung verbreitet. Der Militärdienst, dessen Ableistung man von mir verlangt und der die Sittlichkeit am meisten untergräbt – wird von der Regierung verlangt.

Oberarzt. Ihrer Ansicht nach sind also Regierung und Staat überflüssig?

Boris. Das weiß ich nicht. Dagegen weiß ich bestimmt, daß ich an dem Bösen nicht teilnehmen darf.

Oberarzt. Was wird dann aber aus der Welt? Wir haben doch unsere Vernunft bekommen, um sie auch für Zukünftiges zu gebrauchen.

Boris. Und ebenso, um einzusehen, daß die soziale Ordnung nicht mittels Gewalt, sondern auf gütlichem Wege aufrechterhalten wird, und daß die Weigerung eines einzelnen, am Bösen teilzunehmen, keine Gefahr bedeutet.

Oberarzt. Jetzt möchte ich Sie ein wenig untersuchen. Bitte, legen Sie sich hin. (Er beginnt ihn zu betasten.) Fühlen Sie hier Schmerz?

Boris. Nein.

Oberarzt. Und hier?

Boris. Nein.

Oberarzt. Holen Sie tief Atem. Halten Sie den Atem an. Ich danke. Jetzt gestatten Sie. (Er holt ein Maß hervor und mißt Boris' Stirn und Nase.) Jetzt seien Sie so gut, schließen Sie die Augen und gehen ein paar Schritte.

Boris. Schämen Sie sich nicht, solche Sachen zu machen?

Oberarzt. Was heißt, wie meinen Sie das?

Boris. All diese Dummheiten? Sie wissen doch, daß ich gesund bin; daß man mich hierher geschickt hat, weil ich mich weigere, an den Verbrechen der anderen teilzunehmen; daß man auf die Wahrheit nichts zu erwidern weiß und daß man sich deswegen stellt, als hielte man mich für anormal! Und dazu leisten Sie Beistand! Das ist häßlich, schändlich. Lassen Sie das.

Oberarzt. Also, Sie wollen die paar Schritte nicht gehen?

Boris. Nein, ich will nicht. Sie können mich quälen, wie Sie wollen – aber ich werde Ihnen dabei nicht behilflich sein. (Erregt.) Lassen Sie das!

Der Oberarzt (drückt auf die Klingel).

Zwei Wärter (treten ein).

Siebenter Auftritt.

Die Vorigen und die **Wärter**.

Oberarzt. Beruhigen Sie sich. Ich begreife vollkommen, daß Ihre Nerven aufgeregt sind. Wollen Sie nicht in Ihr Zimmer gehen?

Unterarzt (tritt ein).

Achter Auftritt.

Die Vorigen und der **Unterarzt**.

Unterarzt. Da ist Besuch für Tscheremschanow.

Boris. Wer denn?

Unterarzt. Sarynzew nebst Tochter.

Boris. Ich möchte sie gern sehen.

Oberarzt. Lassen Sie sie nur kommen. Sie können sie hier empfangen. (Er geht ab.)

Unterarzt und die **Wärter** (folgen ihm).

Nikolai Iwanowitsch und **Ljuba** (treten ein).

Die Fürstin (blickt zur Tür hinein). Geht vorauf, ich komme später.

Neunter Auftritt.

Boris, Nikolai Iwanowitsch und **Ljuba**. Dann **Kranker** und **Wärter**.

Ljuba (eilt auf Boris zu, faßt ihn am Kopf und küßt ihn). Armer Boris.

Boris. Nein, bedaure mich nicht. Mir ist so gut, so froh, so leicht. Ich grüße Sie herzlich! (Er küßt Nikolai Iwanowitsch.)

Nikolai. Ich bin gekommen, um dir vor allen Dingen eins zu sagen: in solcher Lage, wie du dich jetzt befindest, ist es weit schlimmer, sein Vorhaben zu ändern, als es nicht vollständig auszuführen. Zweitens muß man in solchen Fällen handeln, wie es im Evangelium heißt, nicht fortwährend daran denken, was man tun und was man sagen wird: »Wenn man euch vor die Obrigkeit und vor die Gewaltigen führt, so macht euch keine Sorge, was ihr sagen werdet, denn der Geist Gottes wird aus euch sprechen.« Das heißt, man muß nicht dann handeln, wenn die Überlegung es einem befiehlt, sondern wenn man mit seinem ganzen Wesen fühlt, daß man nicht anders kann.

Boris. Das habe ich auch getan. Ich habe nicht die Absicht gehabt, den Dienst zu verweigern. Als ich aber diese ganze Verlogenheit sah, diese dicken Folianten, die Akten, Polizisten, Kommissionsmitglieder mit der Zigarette im Munde – *konnte* ich nicht anders: ich *mußte* das sagen, was ich sagte. Es war schrecklich, aber nur so lange, bis ich begonnen hatte. Dann war alles einfach, froh und leicht.

Russisch: Serzalo, etwa: Gerichtsspiegel. Es ist ein dreiteiliges mit dem Adler geschmücktes Gestell mit drei Ukasen Peters I. das in keinem Amtslokal fehlen darf.

D. Ü.

Ljuba (sitzt da und weint).

Nikolai. Die Hauptsache ist: tu nichts um Menschenruhm, um den Beifall derer zu erringen, auf deren Meinung du Wert legst. Von mir kann ich sagen, daß wenn du jetzt den Eid leistest und dienst, daß ich dich dann nicht weniger liebe und verehre, ja noch mehr als früher, weil nicht das Wert hat, was in der äußeren Welt, sondern was in der Seele geschieht.

Boris. Gewiß, denn was im Inneren geschehen ist, bewirkt auch in der äußeren Welt Veränderungen.

Nikolai. Ja, das möchte ich dir ans Herz legen. Deine Mutter ist hier. Sie ist schrecklich niedergeschlagen. Was du der tun kannst, um was sie dich bittet, tu es. Das wollte ich dir sagen.

(Im Korridor ertönt wahnsinniges Geheul.)

Ein Kranker (kommt hereingestürzt).

Wärter (hinter ihm, die ihn fortschleppen).

Ljuba. Das ist fürchterlich. Und in solcher Umgebung sollst du bleiben? (Sie weint.)

Boris. Es schreckt mich nicht. Mir ist jetzt nichts mehr schrecklich. Mir ist so gut. Nur eins macht mir Sorge: wie du das alles aufnimmst. Du mußt mir helfen. Ich bin überzeugt, du wirst mir helfen.

Ljuba. Soll ich etwa vergnügt sein?

Nikolai. Nicht vergnügt. Das kann man nicht, das bin ich auch nicht. Ich leide um ihn und würde von Herzen gern an seine Stelle treten; trotzdem leide ich und weiß, daß das gut ist.

Ljuba. Schön. Wann wird er aber entlassen?

Boris. Das weiß niemand. Ich denke nicht an die Zukunft. Die Gegenwart ist so schön. Und du kannst sie mir noch schöner machen.

Die Fürstin (tritt ein).

Zehnter Auftritt.

Die Vorigen und die **Fürstin**.

Fürstin. Nein, ich kann nicht länger warten. (Zu Nikolai Iwanowitsch.) Nun, haben Sie ihm zugeredet? Gibt er nach? Boris, mein Liebling, begreif doch, was ich ausstehe. Fast dreißig Jahre habe ich nur für dich gelebt, dich aufgezogen, meine Freude an dir gehabt. Und jetzt, wo alles fertig, wo das Werk vollendet ist, soll ich plötzlich allem entsagen! Ins Gefängnis – diese Schande … Nein, das ertrage ich nicht. Boris …

Boris. Mama, so hör doch.

Fürstin. Weshalb reden Sie denn keinen Ton? Sie haben ihn ins Verderben gestürzt, Sie müssen ihn zur Vernunft bringen. Ljuba, sprich du doch mit ihm.

Ljuba. Was kann ich ausrichten!

Boris. Mama, begreif doch endlich, daß es Dinge gibt, die man nicht fertig bringt, ebensowenig fertig bringt wie das Fliegen. Dazu gehört für mich das Dienen.

Fürstin. Ach, das bildest du dir ein. Unsinn, alle haben gedient und dienen noch. Du und Nikolai Iwanowitsch, ihr habt euch da ein Christentum ausgedacht, das gar keins ist. Eine Satanslehre, die nichts als Leiden schafft.

Boris. Es steht so im Evangelium.

Fürstin. Gar nichts steht da, und wenn es so dasteht, ist das sehr dumm ausgedrückt. Boris, mein Herzensjunge, hab doch Mitleid. (Sie fällt ihm um den Hals und weint.) Mein ganzes Leben war nichts als Kummer. Der einzige Sonnenstrahl warst du, und nun machst auch du mir diese Schmerzen. Boris, hab doch Erbarmen.

Boris. Mama, es wird mir schrecklich schwer, aber ich kann dir nichts sagen.

Fürstin. Schlag es mir nicht ab, versprich, daß du dienen wirst.

Nikolai. Sag, du würdest es dir überlegen, und tu das.

Boris. Also schön. Aber hab auch du mit mir Mitleid, Mama. Ich hab' es auch nicht leicht. (Man hört wieder Geschrei im Korridor.) Ich bin hier im Irrenhause und kann leicht selbst den Verstand verlieren.

Elfter Auftritt.

Die Vorigen und der **Oberarzt**.

Oberarzt (eintretend). Durchlaucht, Ihr Besuch kann schädliche Folgen haben. Ihr Sohn ist sehr aufgeregt. Ich glaube, es ist angebracht, den Besuch zu beenden. Donnerstags und Sonntags ist Empfang, da kommen Sie bitte um zwölf Uhr.

Fürstin. Schön, schön; also ich gehe. Leb wohl, Boris. Überleg es dir, hab Mitleid mit deiner Mutter, die sich freut, dich Donnerstag wiederzusehen. (Sie küßt ihn.)

Nikolai (reicht ihm die Hand). Überleg mit Gott, als ob du morgen sterben müßtest. Nur dann triffst du das Richtige. Leb wohl.

Boris (tritt zu Ljuba). Und was wirst du mir sagen?

Ljuba. Ich kann nicht lügen. Ich verstehe nicht, warum du dich und andere quälst. Ich verstehe es nicht und kann dir nichts sagen. (Sie geht weinend ab. Hinter ihr alle übrigen, außer Boris.)

Zwölfter Auftritt.

Boris allein.

Boris. Ach, wie ist das schwer. Ach, wie schwer! Herrgott, hilf mir. (Er betet.)

Wärter (treten mit dem Anstaltskittel ein).

Dreizehnter Auftritt.

Boris und die **Wärter**.

Ein Wärter. Kleiden Sie sich gefälligst um.

Boris (gehorcht).

Vierter Aufzug.

Ein Jahr später in Moskau.

Saal in Sarynzews Haus, der zu einem Tanzabend mit Klavierbegleitung hergerichtet ist. Diener stellen Blattpflanzen vor dem Flügel auf. Maria Iwanowna tritt in elegantem Seidenkleid mit Alexandra Iwanowna ein.

Erster Auftritt.

Maria Iwanowna. Alexandra Iwanowna und die **Diener**.

Maria. Was redest du da von einem Ball? Das ist doch kein Ball, sondern einfach ein Tanzkränzchen, thé dansant, wie man früher sagte. Ich kann doch meine Kinder nicht nur bei anderen Leuten tanzen lassen. Bei Makows haben sie Theater gespielt, überall getanzt – da muß ich mich doch revanchieren.

Alexandra. Ich fürchte nur, Nikolai ist nicht sehr entzückt davon.

Maria. Was kann ich dabei ändern? (Zu einem Diener.) Hier stellen Sie die Pflanzen hin. Gott weiß, wie sehr ich mich bemühe, ihm alle Unannehmlichkeiten aus dem Wege zu räumen. Ich glaube übrigens, er ist jetzt schon nicht mehr so anspruchsvoll.

Alexandra. O nein; er zeigt es nur nicht mehr so. Nach Tisch ist er sehr verstimmt in sein Zimmer gegangen.

Maria. Was kann ich dabei machen? Was soll ich anfangen? Wir müssen doch alle leben. Sind jetzt sieben Kinder. Wenn man ihnen nicht ab und an zu Hause ein kleines Vergnügen bietet, stellen sie Gott weiß was an. Ich bin nur glücklich, daß es mit Ljuba so gekommen ist.

Alexandra. Hat er schon seinen Antrag gemacht?

Maria. So ungefähr. Er hat mit ihr gesprochen, und sie hat ihm ihr Jawort gegeben.

Alexandra. Das ist wieder ein schwerer Schlag für ihn.

Maria. Aber er weiß es doch. Muß es längst wissen.

Alexandra. Er kann ihn nicht ausstehen.

Maria (zu den Dienern). Stellen Sie die Früchte aufs Büfett. – Wen? Alexander Michailowitsch? Natürlich liebt er ihn nicht, weil Alexander der verkörperte Widerspruch gegen all seine Theorien ist: ein lieber, guter, angenehmer Mensch und dabei Weltmann. Ach, dieser unglückliche Boris, der wie ein Alp auf mir lastet – was macht er eigentlich?

Alexandra. Lisa war bei ihm. Er ist immer noch »dort«. Soll schrecklich abgemagert sein; die Ärzte fürchten für sein Leben oder seinen Verstand.

Maria. Den hat er mit seinen Ideen tatsächlich so weit gebracht. Warum mußte er zugrunde gehen! Ich habe die Verbindung übrigens nie gewünscht.

Ein Klavierspieler (tritt ein).

Zweiter Auftritt.

Die Vorigen und der **Klavierspieler**.

Maria. Sie sind der Klavierspieler?

Klavierspieler. Jawohl, gnädige Frau.

Maria. Bitte, nehmen Sie Platz. Es dauert noch etwas. Vielleicht wünschen Sie Tee?

Klavierspieler. Nein, danke. (Er geht zum Flügel.)

Maria. War stets dagegen. Ich hatte Boris sehr gern, trotzdem war er keine Partie für Ljuba. Besonders, als er sich für Nikolai Iwanowitschs Ideen begeisterte.

Alexandra. Erstaunlich bleibt doch diese Überzeugungskraft! Was hat er auszustehen! Man sagt ihm, wenn er nicht nachgäbe, würde er entweder im Irrenhause bleiben oder auf Festung kommen. Trotzdem wiederholt er stets dasselbe. Und wie Lisa sagt, ist er froh, ja heiter gestimmt.

Maria. Diese Fanatiker. Da ist übrigens Alexander Michailowitsch.

Alexander Michailowitsch Starkowski (elegante Erscheinung im Frack, tritt ein).

Dritter Auftritt.

Die Vorigen und **Starkowski**.

Starkowski. Ich komme wohl zu früh? (Er küßt beiden Damen die Hand.)

Maria. Um so besser.

Starkowski. Wie geht es Ihrem Fräulein Tochter? Sie wollte beim Tanz alles Versäumte nachholen, und ich hatte die Absicht, ihr zu helfen.

Maria. Sie macht die Kotillonsachen zurecht.

Starkowski. Da werde ich ihr helfen – darf ich?

Maria. Sehr liebenswürdig.

Starkowski (will gehen).

Ljuba (kommt ihm mit einem Kissen voll Orden und Bändern entgegen).

Vierter Auftritt.

Die Vorigen und **Ljuba.**

Ljuba (in Abendtoilette, nicht dekolletiert). Ach, da sind Sie. Das ist schön. Sie können mir helfen. Da im Gastzimmer liegen noch zwei Kissen, die bringen Sie bitte her. Guten Abend, guten Abend!

Starkowski. Ich eile, ich fliege. (Er geht ab.)

Fünfter Auftritt.

Maria Iwanowna. Alexandra Iwanowna. Ljuba.

Maria (zu Ljuba). Hör mal, Ljuba. Heute kommen Bekannte, die Anspielungen machen und Fragen stellen. Darf ich die Verlobung bekanntgeben?

Ljuba. Ach nein, Mama, nein. Wozu? Laß sie doch fragen. Es ist Papa so unangenehm.

Maria. Aber er weiß es doch, oder errät es. Früher oder später muß man ihn doch einweihen. Ich denke, es ist am besten, heute alles bekanntzugeben. Es weiß ja jedes Kind ...

Ljuba. Nein, nein, Mama, bitte nicht. Du verdirbst mir den ganzen Abend. Es ist wirklich nicht nötig.

Maria. Wie du willst, mein Kind.

Ljuba. Oder höchstens ganz gegen Schluß, eh' wir zu Tisch gehen.

Starkowski (kommt).

Sechster Auftritt.

Die Vorigen und **Starkowski**.

Ljuba. Nun, haben Sie die Sachen?

Maria. Also ich werde mal nach Natalie sehen. (Sie geht mit Alexandra Iwanowna ab.)

Siebenter Auftritt.

Ljuba und **Starkowski**.

Starkowski (trägt drei Kissen, von denen er eins mit dem Kinn stützt und unterwegs fallen läßt). Bitte, bemühen Sie sich nicht, ich hebe es sofort auf.

Ljuba. Ach, was haben Sie da gemacht! Hätten die Sachen richtig verteilen müssen. Wanja, komm mal her.

Achter Auftritt.

Die Vorigen und **Wanja**.

Wanja (bringt noch mehr Kissen). Jetzt sind es alle. Ljuba, Alexander Michailowitsch und ich haben gewettet, wer am meisten Orden bekommt.

Starkowski. Du hast es gut, du kennst alle, ich dagegen muß die Mädchenherzen erst erobern, um meine Belohnung zu erhalten. Trotzdem gebe ich dir vierzig Points vor.

Wanja. Dafür bist du auch Bräutigam und ich noch ein Schuljunge.

Ljuba. Wanja, geh doch bitte in mein Zimmer und hol mir den Gummi und das Nadelkissen von der Etagere.

Wanja (setzt sich in Bewegung).

Ljuba. Aber mach um Gottes willen nichts entzwei!

Wanja. Alles mach' ich entzwei. (Er läuft fort.)

Neunter Auftritt.

Ljuba und **Starkowski**.

Starkowski (faßt Ljuba bei der Hand). Ljuba, darf ich? Ich bin so glücklich. (Er küßt ihre Hand.) Die Masurka ist mein, aber die genügt mir nicht. Dabei kann man sich so wenig unterhalten. Und ich habe so viel auf dem Herzen. Darf ich meinen Eltern telegraphieren, daß ich glücklicher Bräutigam bin?

Ljuba. Ja, heute abend.

Starkowski. Und noch eins: wie wird dein Vater die Nachricht aufnehmen? Habt ihr mit ihm gesprochen, ja?

Ljuba. Ich nicht. Aber ich werde es ihm sagen. Er wird die Nachricht aufnehmen, wie alles, was die Familie betrifft; wird sagen: tu, was du für richtig hältst. Aber innerlich wird er traurig sein.

Starkowski. Weil ich nicht Tscheremschanow bin, sondern Kammerjunker und Adelsmarschall?

Ljuba. Ja. Ich habe mit mir selbst gekämpft, mich seinetwillen belogen. Nicht, weil ich ihn zu wenig liebe, kann ich nicht auf das eingehen, was er will, sondern weil ich mich nicht verstellen kann. Mein sehnlicher Wunsch ist: leben, leben!

Starkowski. Das ist auch das einzig Wahre. Na, aber Tscheremschanow?

Ljuba (erregt). Sprich nicht von ihm. Ich könnte mich hinreißen lassen, ihn zu verurteilen, jetzt, wo er leidet. Und ich weiß, daß das daher rührt, daß ich vor ihm schuldig bin. Ich weiß aber auch, daß es eine Liebe, eine wahre Liebe gibt, die ich für ihn nie empfunden habe.

Starkowski. Ljuba, ist das wahr?

Ljuba. Du möchtest von mir hören, daß ich diese wahre Liebe für dich empfinde? Aber das kann ich nicht. Gewiß, ich liebe dich anders – aber auch nicht richtig. Wenn man das eine und das andere zusammentun könnte …

Starkowski. Nun, ich bin schon zufrieden. Ljuba! (Er küßt ihr die Hand.)

Ljuba (abwehrend). Nein, wir wollen hier aufräumen. Da kommen schon Gäste.

Die Fürstin (kommt mit **Tonja** und einem kleinen Mädchen).

Zehnter Auftritt.

Die Vorigen und die **Fürstin** mit **Tonja** und dem kleinen **Mädchen**.

Ljuba. Mama muß sofort erscheinen.

Fürstin. Sind wir die ersten?

Starkowski. Irgend jemand muß den Anfang machen. Vielleicht wird nächstens eine Gummipuppe erfunden, die immer die erste ist.

Stefan (tritt ein).

Wanja (bringt die gewünschten Sachen).

Elfter Auftritt.

Die Vorigen. Stefan und **Wanja**.

Stefan. Ich hoffte, Sie gestern bei den Italienern zu treffen?

Tonja. Wir waren bei Tante; haben Armenkleider genäht.

Studenten, Damen, Maria Iwanowna, eine **Gräfin** (kommen).

Zwölfter Auftritt.

Die Vorigen. Maria Iwanowna, die **Gräfin, Studenten** und **Damen**.

Gräfin. Werden wir Nikolai Iwanowitsch nicht sehen?

Maria. Nein, er kommt nie aus seinem Zimmer.

Starkowski. Bitte zur Quadrille die Herrschaften. (Er klatscht in die Hände. Man nimmt Aufstellung und tanzt.)

Alexandra (tritt zu Maria Iwanowna). Er ist schrecklich erregt. War bei Boris, und als er nach Hause kommt, sieht er die Vorbereitungen zum Ball. Jetzt will er fort. Ich stand an der Tür und hörte seine Unterhaltung mit Alexander Petrowitsch.

Maria. Worüber denn?

Starkowski. Rond des Dames. Les cavaliers en avant.

Alexandra. Er erklärt es für unmöglich, hier weiter zu leben, und geht fort.

Maria. Was für ein Quälgeist ist dieser Mann! (Sie geht ab.)

Verwandlung.

Nikolai Iwanowitschs Zimmer.

Gedämpfte Klänge der Musik. Nikolai Iwanowitsch, im Überzieher, legt einen Brief auf den Tisch. Bei ihm der zerlumpte Alexander Petrowitsch.

Erster Auftritt.

Nikolai Iwanowitsch und **Alexander Petrowitsch**.

Alexander. Seien Sie unbesorgt, bis zum Kaukasus kommen wir ohne einen Groschen. Und dort richten Sie sich schon ein.

Nikolai. Bis Tula fahren wir, und dann geht's zu Fuß. Nun ist alles fertig. (Er legt den Brief mitten auf den Tisch und will hinausgehen. Da stößt er auf Maria Iwanowna.)

Zweiter Auftritt.

Nikolai Iwanowitsch, **Alexander Petrowitsch** und **Maria Iwanowna**.

Nikolai. Nun, was willst du hier?

Maria. Was ich will? Ich will verhindern, daß du deine Grausamkeit auf die Spitze treibst. Warum das? Warum?

Nikolai. Weil ich nicht länger so leben kann. Ich kann dieses entsetzliche, durch und durch unmoralische Leben nicht ertragen.

Maria. Das ist fürchterlich. Mein Leben, das ich ganz dir und den Kindern widme, soll plötzlich unmoralisch sein! (Sie erblickt Alexander Petrowitsch.) Renvoyez au moins cet homme. Je ne veux pas qu'il soit témoin de cette conversation.

Alexander. Je comprends, madame; je pars aussitôt.

»Schick wenigstens diesen Menschen fort. Ich will nicht, daß er Zeuge dieser Unterhaltung wird.«

»Ich verstehe, gnädige Frau. Ich reise sofort ab.«

Nikolai. Erwarten Sie mich dort, Alexander Petrowitsch, ich komme sogleich.

Alexander (geht ab).

Dritter Auftritt.

Nikolai Iwanowitsch und **Maria Iwanowna**.

Maria. Was kannst du mit solchem Menschen gemein haben? Weshalb steht er dir näher als deine Frau? Das ist einfach unverständlich. Wohin willst du jetzt?

Nikolai. Ich habe dir einen Brief hinterlassen. Ich wollte nicht mit dir sprechen; es wird mir zu schwer. Wenn du aber willst, werde ich dir alles sagen, so ruhig ich nur kann.

Maria. Nein, ich kann dich nicht verstehen. Weshalb haßt und folterst du dein Weib, das dir alles hingegeben hat. Sag: habe ich Bälle besucht, mich geputzt, kokettiert? Mein ganzes Leben gehörte der Familie. Alle Kinder habe ich selbst genährt, erzogen; im letzten Jahre lag die ganze Last der Erziehung und all die geschäftlichen Sorgen auf meinen Schultern …

Nikolai (sie unterbrechend). Das kam daher, weil du nicht so leben wolltest, wie ich dir vorschlug.

Maria. Ach, das ist ja unmöglich. Frag die ganze Welt. Wie kann ich die Kinder ohne jeden Unterricht lassen, wie deine Absicht ist, und selbst waschen und kochen.

Nikolai. Das habe ich nie gewollt.

Maria. Na, dann ungefähr so. Nein, du willst Christ sein, willst Gutes tun, sagst, du liebst die Menschen. Warum folterst du dann die Frau, die dir ihr ganzes Leben hingegeben hat?

Nikolai. Wieso foltere ich dich? Ich liebe dich, aber …

Maria. Ist das keine Tortur, wenn du mich verstößt und fortgehst? Was werden die Leute sagen? Eins von beiden ist nur möglich: entweder bin ich ein verworfenes Frauenzimmer, oder du bist verrückt.

Nikolai. Vielleicht bin ich verrückt; jedenfalls kann ich so nicht weiterleben.

Maria. Was ist denn Schreckliches dabei, daß ich den ganzen Winter ein einziges Mal – in ewiger Sorge, es könnte dir unangenehm sein – bei uns tanzen lasse! Frag Manja und Barbara Wassiljewna – alle haben mir gesagt, es ginge nicht anders, es sei unbedingt nötig. Und das soll nun ein Verbrechen sein, für das ich diese Schande auf mich nehmen muß! Ja, nicht nur Schande – das Schlimmste ist, daß du mich nicht mehr liebst; du liebst die ganze Welt, bis zu diesem betrunkenen Alexander Petrowitsch – – und dennoch liebe ich dich, kann nicht ohne dich leben. Warum das, warum? (Sie weint.)

Nikolai. Du willst mein Leben, mein geistiges Leben nicht verstehen.

Maria. Ich will es, kann es aber nicht. Ich sehe, daß dein Christentum bewirkt, daß du mich, deine Familie haßt. Wozu das nötig ist, begreife ich nicht.

Nikolai. Andere begreifen es.

Maria. Wer denn? Alexander Petrowitsch, der dich anbettelt?

Nikolai. Er und andere, wie Tonja und Wassili Nikanorowitsch. Aber darauf kommt es nicht an. Wenn niemand mich verstehen würde, würde das nichts ändern.

Maria. Wassili Nikanorowitsch hat Buße getan und sein Amt wieder angetreten. Tonja tanzt in diesem Augenblick und flirtet mit Stefan.

Nikolai. Das ist sehr traurig, kann aber nicht bewirken, daß Schwarz Weiß wird, und kann mein Leben nicht ändern. Mascha! Ich bin für dich nicht nötig. Laß mich gehen. Ich habe versucht, an eurem Leben teilzunehmen, in dieses Leben das hineinzutragen, was für mich alles bedeutet. Es ist unmöglich. Die Folge ist nur, daß ich euch und mich quäle. Mich nicht nur quäle, sondern das Werk, das ich vorhabe, zuschanden mache. Jeder Mensch, wie zum Beispiel dieser Alexander Petrowitsch, hat das Recht, mir zu sagen, ich sei ein Betrüger, der nicht so handelt, wie er spricht, der nach dem Evangelium Armut predigt, selbst aber in Luxus lebt unter dem Vorwande, alle Habe an seine Frau abgetreten zu haben.

Maria. Du schämst dich vor den Leuten? Kannst du dich darüber nicht erheben?

Nikolai. Ich schäme mich nicht – oder doch nur wenig – aber ich richte das Werk Gottes zugrunde.

Maria. Du hast selbst gesagt, daß dieses Werk auch dann geschieht, wenn wir uns ihm widersetzen. Doch darum handelt es sich nicht. Sag, was du von mir forderst.

Nikolai. Das habe ich schon gesagt.

Maria. Aber Nikolai, du weißt doch, daß das unmöglich ist. Bedenk doch, Ljuba soll jetzt heiraten. Wanja bezieht die Universität. Mischa und Katja besuchen die Schule – soll denn das alles unterbrochen werden?

Nikolai. Also was soll ich jetzt tun?

Maria. Was du selbst predigst: ausharren, uns lieben. Wird dir das so schwer? Ertrag nur unsere Gegenwart, entzieh dich uns nicht. Was quält dich denn so?

Wanja (kommt hereingelaufen).

Vierter Auftritt.

Die Vorigen und **Wanja**.

Wanja. Mama, du wirst gerufen.

Maria. Sag, ich könnte jetzt nicht. Geh, geh.

Wanja. Komm aber bald. (Er geht ab.)

Fünfter Auftritt.

Nikolai Iwanowitsch und **Maria Iwanowna**.

Nikolai. Du willst nichts sehen und mich nicht begreifen.

Maria. Ich will schon, aber ich kann nicht.

Nikolai. Nein, du willst nicht, wir kommen immer mehr auseinander. Dring einmal in mein Inneres ein, versetz dich einen Augenblick in meinen Zustand, so wirst du mich verstehen. Zunächst ist unser ganzes Leben hier unmoralisch. Du bist böse über dieses Wort, ich kann aber ein Leben, das ganz und gar auf Ausbeutung anderer beruht, nicht anders nennen. Das Geld, von dem ihr lebt, ist der Ertrag des Landes, das ihr dem Volk abgenommen habt. Außerdem sehe ich, daß dieses Leben die Kinder verdirbt. »Wehe dem, der dieser Geringsten einen ärgert«, heißt es; ich aber sehe, wie die Kinder vor meinen Augen verdorben werden und zugrunde gehen. Ich kann es nicht mit ansehen, daß erwachsene Menschen, gleich Sklaven, in Livreen gesteckt werden und uns bedienen müssen. Jedes Mittagessen ist für mich eine Qual.

Maria. Aber das war doch immer so, bei allen, im Auslande und überall.

Nikolai. Seitdem ich begriffen habe, daß alle Menschen Brüder sind, kann ich das nicht mehr mit ansehen und darunter leiden.

Maria. Es steht doch aber jedem frei. Schließlich kann man sich alles ausdenken.

Nikolai (erregt). Diese Verständnislosigkeit ist aber wirklich schrecklich. Heute zum Beispiel. Ich bin morgens im Asyl für Obdachlose, sehe, wie da ein Kind direkt vor Hunger stirbt, wie ein Knabe Alkoholiker geworden ist, wie eine schwindsüchtige Wäscherin Wäsche spült. Dann komme ich nach Hause, ein Diener in weißer Binde öffnet mir die Tür; ich sehe, wie mein Herr Sohn sich von dem Diener Wasser bringen läßt, sehe diese Armee von Bedienten, die für uns arbeiten. Darauf fahre ich zu Boris, einem Menschen, der für die Wahrheit sein Leben läßt, sehe, wie man den gesunden, kräftigen, entschlossenen Mann mit Vorbedacht dem Wahnsinn und Verderben in die Arme jagt, um ihn los zu werden. Die Leute wissen, daß er einen Herzfehler hat, und erregen und reizen ihn, schleppen ihn ins Irrenhaus. Nein, das ist fürchterlich, fürchterlich. Und dann komme ich nach Hause und erfahre, daß die eine Tochter, die nicht mich, sondern die Wahrheit verstanden hatte, daß die gleichzeitig ihrem Bräutigam, dem sie ihre Liebe versprochen, und der Wahrheit entsagt hat und einen Lakaien und Lügner heiraten will …

Maria. Nennst du das christlich gedacht?

Nikolai. Nein, es ist häßlich, ich fühle mich schuldig; aber ich will doch nur, daß du dein Ich einmal in das meinige hineinversetzt. Ich sage nur, sie hat der Wahrheit entsagt …

Maria. Du sagst: der Wahrheit; andere, die meisten, sagen: dem Irrtum. Wassili Nikanorowitsch glaubte auch, er sei auf falschem Wege – jetzt ist er aber in den Schoß der Kirche zurückgekehrt.

Nikolai. Nicht möglich!

Maria. Er hat Lisa geschrieben; sie wird dir den Brief zeigen. Lauter vorübergehende Erscheinungen. So auch mit Tonja; ganz zu geschweigen von Alexander Petrowitsch, der die Sache einfach ausnutzt.

Nikolai (ärgerlich). Einerlei. Ich bitte nur, mich zu verstehen. Wahrheit bleibt für mich stets Wahrheit. Aber das alles tut sehr weh. Dort sterben Leute Hungers, hier sehe ich diesen Ball, der Hunderte verschlingt. Ich kann so nicht leben. Hab Erbarmen mit mir, ich bin am Ende meiner Kraft. Laß mich gehen. Leb wohl.

Maria. Wenn du gehst, gehe ich mit dir. Wenn ich dich nicht begleiten kann, werfe ich mich unter die Räder des Zuges, mit dem du fortfährst. Dann mögen alle zugrunde gehen, mit Mischa und Katja. Mein Gott, mein Gott! Diese Qual! Wofür das, wofür? (Sie weint.)

Nikolai (in der Tür). Alexander Petrowitsch, gehen Sie nach Hause. Ich fahre nicht. Ich bleibe, schön. (Er legt den Rock ab.)

Maria (umarmt ihn). Wir haben nicht mehr lange zu leben. Laß uns unser Leben nicht nach achtundzwanzigjähriger Ehe verderben. Ich werde keine Bälle mehr geben. Aber straf mich nicht auf diese Weise.

Sechster Auftritt.

Die Vorigen. Wanja und **Katja**.

Wanja und **Katja** (kommen hereingelaufen). Mama, komm doch schnell.

Maria. Ich komme schon, ich komme. Also wollen wir uns gegenseitig verzeihen. (Sie geht mit Wanja und Katja ab.)

Siebenter Auftritt.

Nikolai Iwanowitsch allein.

Nikolai. Ein Kind, genau wie ein Kind, oder ein listiges Weib. Nein, ein listiges Kind. Ja, ja. Herr Gott, ich sehe, du willst nicht, daß ich an deinem Werk mitarbeite; ich soll erniedrigt werden, auf daß alle mit dem Finger auf mich deuten und sagen: er redet, handelt aber nicht. Nun, mag es so sein. Du weißt am besten, was not tut. Demut, Herzenseinfalt. Wenn ich nur zu Ihm gelange.

Lisa (kommt).

Achter Auftritt.

Nikolai Iwanowitsch und **Lisa**.

Lisa. Verzeihen Sie, ich bringe Ihnen einen Brief von Wassili Nikanorowitsch. Er schreibt an mich, bittet aber, Ihnen Mitteilung zu machen.

Nikolai. Ist es denn wahr?

Lisa. Ja. Soll ich vorlesen?

Nikolai. Lies nur.

Lisa (liest). »Ich schreibe Ihnen und bitte Sie, Nikolai Iwanowitsch Mitteilung zu machen. Ich bedaure die Verirrung, in der ich offen von der heiligen, griechisch-katholischen Kirche abgefallen bin, und freue mich, in ihren Schoß zurückgekehrt zu sein. Ihnen und Nikolai Iwanowitsch wünsche ich dasselbe. Bitte, verzeihen Sie mir.«

Nikolai. Wie wird man den Ärmsten gequält haben! Trotzdem ist es schrecklich.

Lisa. Dann möchte ich Ihnen noch sagen, daß die Fürstin da ist. Sie kam schrecklich erregt zu mir nach oben und will Sie unter allen Umständen sprechen. Sie kommt von ihrem Sohn. Ich glaube, es ist besser, Sie empfangen sie nicht. Was kann aus der Unterredung herauskommen?

Nikolai. Nein, bring sie nur her. Dies scheint heute ein schrecklicher Tag der Prüfungen zu sein.

Lisa. Also ich hole sie. (Sie geht ab.)

Neunter Auftritt.

Nikolai Iwanowitsch allein.

Nikolai. Ja, ja, nur stets daran denken, daß das Leben im Dienste des Höchsten besteht, daß, wenn Er mir Prüfungen schickt, es geschieht, weil Er mich für stark genug hält, sie zu ertragen. Sonst wären es keine Prüfungen … Vater! hilf mir, nicht meinen, sondern Deinen Willen zu tun.

Die Fürstin (tritt ein).

Zehnter Auftritt.

Nikolai Iwanowitsch und die **Fürstin**.

Fürstin. Also man würdigt mich wirklich, empfangen zu werden. Alle Achtung! Die Hand gebe ich Ihnen nicht, weil ich Sie hasse und verachte.

Nikolai. Was ist denn geschehen?

Fürstin. Ins Strafbataillon wird er gesteckt. Und das haben Sie fertig gebracht.

Nikolai. Fürstin, wenn Sie etwas von mir wünschen, so sagen Sie es; wenn Sie mich aber nur schelten wollen, schaden Sie sich selbst. Kränken können Sie mich nicht, weil ich Sie von ganzem Herzen bedaure und Mitleid mit Ihnen habe.

Fürstin. Schöne Mitleid, dieses Pharisäertum! Nein, Herr Sarynzew, mich betrügen Sie nicht. Wir kennen Sie jetzt. Meinen Sohn haben Sie zugrunde gerichtet, das macht Ihnen nichts aus – aber Sie selbst geben Bälle, und die

Braut meines Sohnes, Ihre Tochter, heiratet einen anderen, macht eine Partie, die Ihnen gefällt. Dabei predigen Sie Einfachheit, Rückkehr zur Natur, machen Tischlerarbeit. O, wie ich Sie verabscheue in Ihrem neuen Pharisäertum!

Nikolai. Fürstin, beruhigen Sie sich. Sagen Sie, was Sie von mir wünschen. Sie sind doch nicht nur hergekommen, um mich zu beschimpfen.

Fürstin. Deshalb auch. Ich muß meinen Schmerz auslassen. Und ich wünsche von Ihnen folgendes. Er wird ins Strafbataillon gesteckt. Das ertrage ich nicht. Sie haben es dahin gebracht. Sie, Sie, Sie!

Nikolai. Nicht ich, sondern Gott. Und Gott sieht, wie sehr Sie mir leid tun. Widersetzen Sie sich Gottes Willen nicht. Er will Sie prüfen. Ertragen Sie diese Prüfung.

Fürstin. Das kann ich nicht. Mein Sohn war mein ganzes Leben; Sie haben ihn mir genommen und ins Verderben gestürzt. Da kann ich nicht ruhig sein. Ich bin zu Ihnen gekommen, um Ihnen das zu sagen. Es ist mein letzter Versuch. Sie haben ihn unglücklich gemacht, Sie müssen ihn retten. Fahren Sie hin, bewirken Sie, daß er freigelassen wird. Fahren Sie zu den Vorgesetzten, zum Zaren, zu wem Sie wollen. Sie sind dazu verpflichtet. Wenn Sie sich weigern, weiß ich, was ich tue. Sie sind für ihn verantwortlich.

Nikolai. Sagen Sie mir, was ich tun soll. Ich bin zu allem bereit.

Fürstin. Ich wiederhole nochmals: Sie müssen ihn retten. Wenn Sie es nicht tun, sollen Sie es büßen. Ich gehe. (Sie geht ab.)

Elfter Auftritt.

Nikolai Iwanowitsch allein. Dann **Stefan**.

Nikolai (legt sich auf das Sofa).

(Schweigen. Die Tür wird geöffnet. Man hört Musik: »Großvatertanz«.)

Stefan (eintretend). Papa ist nicht hier, kommt nur.

Große und **kleine Paare** (treten ein).

Zwölfter Auftritt.

Nikolai Iwanowitsch, Stefan und die **Paare**.

Ljuba (erkennt den Vater). Ach, du bist hier, entschuldige.

Nikolai (erhebt sich). Es macht nichts.

Die Paare (ziehen vorüber).

Dreizehnter Auftritt.

Nikolai Iwanowitsch allein.

Nikolai. Der junge Priester hat sich bekehrt; Boris habe ich ins Unglück gestürzt; Ljuba heiratet. Bin ich wirklich auf falschem Wege? Ist es verkehrt, an Dich zu glauben? Nein, nein! Vater im Himmel, hilf mir!

188...; 1900; 1902.

Unter den nachgelassenen Manuskripten Tolstois findet sich weiter folgende Skizze des fünften Aufzuges, der aus drei Auftritten bestehen sollte:

Fünfter Aufzug.

Strafbataillon. Arrestantenzelle. Arrestanten sitzen und liegen ringsum. Boris liest aus dem Evangelium vor und legt es aus.

Ein Arrestant, an dem die Prügelstrafe vollzogen ist, wird hereingeführt. »Ach, daß kein Pugatschew über euch kommt!« Die Fürstin stürzt herein und wird hinausgetrieben. Zusammenstoß mit einem Offizier. Kommando: »Zum Gebet!« Boris wird in eine Einzelzelle geschafft, soll gepeitscht werden.

Verwandlung.

Arbeitszimmer des Kaisers. Zigaretten, Nippsachen, Andenken. Die Fürstin wird gemeldet. »Soll warten.« Bittsteller, unterwürfig schmeichelnd. Dann die Fürstin. Wird abgewiesen.

Verwandlung.

Maria Iwanowna spricht mit dem Arzt über die Krankheit Nikolai Iwanowitschs. Er hat sich verändert, ist milder geworden, aber gleichzeitig mutloser.

Nikolai Iwanowitsch tritt ein, spricht mit dem Arzt. Alle Medizin sei unnütz; der »Geist« sei wertvoller. Seiner Gattin zuliebe gibt er nach.

Es treten ein Tonja mit Stefan, Ljuba mit Starkowski. Unterhaltung über den Landbesitz, Nikolai Iwanowitsch bemüht sich, die anderen nicht zu kränken. Alle ab. Er bleibt mit Lisa. »Ich bin fortwährend im Zweifel, ob ich recht gehandelt habe. Ausgerichtet habe ich nichts; im Gegenteil: habe Boris ins Unglück gestürzt; Wassili Nikanorowitsch ist zur Kirche zurückgekehrt. Ich bin ein Beispiel der Schwäche. Offenbar will Gott nicht, daß ich Sein Diener sei. Er hat viele andere Diener, erreicht Sein Ziel auch ohne mich. Wenn ich mir das deutlich vorhalte, bin ich ruhig.« Lisa ab. Er betet. Die Fürstin stürzt herein, tötet ihn. Alle kommen herbeigeeilt; er sagt, er hätte sich aus Versehen selbst die tödliche Wunde beigebracht. Schreibt noch ein Bittgesuch an den Zaren. Der junge Priester kommt mit Duchoborzen. Er stirbt, froh darüber, daß der Betrug, den die Kirche verübt, enthüllt ist und daß sein Leben einen Sinn bekommen hat.

CPSIA information can be obtained
at www.ICGtesting.com
Printed in the USA
LVHW040623020223
738427LV00006B/719